Edith Beckmann (Hrsg.)

Beeren-Küche

Schlemmereien aus Garten, Wald und Wiese

HÄDECKE

Gestaltung Cover und Inhalt: Dora Eichenberger-Hirter, Birrwil
Foodbilder: Evelyn und Hans Peter König, Zürich;
Ralph Kabelitz, Schopfheim; Jules Moser, Bern; Andreas Thumm,
Freiburg i. Br.; Barbara Bonisolli, München;
Jérôme Bischler, Schönenberg; Roland Glättli, Zürich
Übrige Fotos: Edith und Holger Beckmann, Frauenfeld
8, 9, 10, 11, 14, 15, 22, 23, 25, 28, 30, 31, 33, 34, 35, 37, 38,
39, 40, 41, 48, 49, 52, 53, 54, 55); Beat Ernst, Basel (12, 13);
Ernst Fretz, Küttigen (18, 19, 20, 21, 24, 26, 27, 29, 44, 45, 46,
47, 52); Häberli, Obst- und Beerenzentrum AG,
Neukrich-Egnach (16, 17, 36, 42, 43, 50, 51)
Rezepte: Beatrice Aepli, Erica Bänziger, Edith Beckmann,
Carine Buhmann, Silvia Erne-Bryner, Angelika Ilies,
Ralph Kabelitz, Thuri Maag, Lucas Rosenblatt, Susanne Vögeli,
Armin Zogbaum
Lithos: Neue Schwitter AG, Allschwil
Printed in Germany

ISBN 3-7750-0411-4

Inhalt

9 Vorwort

Beerensteckbriefe

10 Andenbeere (Physalis)
12 Berberitze (Sauerdorn)
14 Brombeere
16 Cranbeery
18 Erdbeere
22 Felsenbirne
24 Heidelbeere
27 Himbeere
30 Holunder
34 Johannisbeere
36 Jostabeere
37 Kiwi
40 Mahonie
42 Maibeere
44 Preiselbeere
46 Sanddorn
48 Stachelbeere
50 Tabybeery – Loganbeere
52 Vogelbeere
54 Weintraube

56 Konfitüren und Gelees
58 Feiner Beerensaft – leicht gemacht
60 Beeren aus dem Kälteschlaf

Wo nicht anders vermerkt, sind die Rezepte für 4 Personen berechnet.

Beerencremes – Cremes mit Beeren

64 Beeren mit gepfefferter Zabaione
66 Himbeermousse
68 Johannisbeergelee mit Vanillesauce
70 Beerenkompott mit Vanillesauce
72 Orangenköpfchen mit Erdbeeren
72 Sommerlicher Hirse-Beeren-Traum
74 Grießklößchen mit Stachelbeerkompott
76 Melonenmousse mit Heidelbeeren
78 Knusper-Müesli mit bunten Beeren
79 Melonen-Beeren-Kaltschale

Kühl und zart schmelzend – Parfaits

80 Sanddornparfait mit Kompott von Holunderbeeren
82 Brombeerparfait
84 Mohnarfait mit Brombeersauce

Aus dem Ofen

86 Beerensoufflé
88 Erdbeertorte
99 Beeren-Cheese-Kuchen
92 Weiße Schokoladetörtchen mit Beerenallerlei

Suppen – Vorspeisen – Hauptgerichte

96 Krautsuppe mit Weintrauben
96 Kräuter und Beeren an Rhabarber-Vinaigrette
98 Melonen-Himbeer-Salat mit Basilikum
100 Rehfleisch mit süßsaurer Sauce
102 Truthahnburger mit Kiwischeiben
103 Wildhasenrücken an Holundersauce
104 Hirschkotelett an Holundersauce
106 Fasanenbrüstchen mit Preiselbeerrahmsauce
108 Kalbsbraten mit Stachelbeersauce
110 Kaninchenfilet an Johannisbeersauce

Konfitüren – Gelees

114 Vogelbeer-Gelee
114 Sanddorn-Konfitüre
114 Cranberry-Konfitüre
116 Stachelbeer-Bananen-Konfitüre
116 Stachelbeer-Arikosen-Konfitüre
116 Brombeergelee mit Zitronengras
117 Holunder-Apfel-Gelee
117 Brombeer-Holunder-Konfitüre
117 Preiselbeermus

Pikante Saucen – Chutneys

118 Süßsaures Preiselbeer-Chutney
118 Stachelbeer-Chutney
118 Cranberry-Sauce
120 Brombeer-Senf-Sauce
120 Himbeer-Hotsauce

Getränke – Essig

121 Himbeeressig
121 Cassislikör
121 Cassisdrink
123 Holundersüßmost
123 Johannisbeerdrink
123 Holundersirup
123 Heißer Holunderpunsch
123 Aperitif nach Eva

124 Register

Vorwort

Beerenküche

Brombeeren, Erdbeeren, Himbeeren, Johannisbeeren und Stachelbeeren sind typische Gartenbeeren und dürfen in einem umfassenden Buch über Beeren selbstverständlich nicht fehlen. Wer weiß, vielleicht inspiriert Sie die unterhaltsame «Warenkunde» sogar dazu, es mit der einen oder anderen Gartenbeere auf dem Balkon oder auf der Terrasse zu versuchen. Für eine paradiesische Naschecke braucht es nicht zwingend einen eigenen Garten!

Felsenbirnen – sie sind den wildwachsenden Heidelbeeren geschmacklich sehr ähnlich und eignen sich für den Frischkonsum –, Berberitzen, Holunder, Mahonien, Preiselbeeren, Sanddorn und Vogelbeeren sind typische einheimische Sträucher und Bäume. Viele von ihnen wachsen im Hausgarten, rund um den Bauernhof, im Park und in der freien Natur. Nur wenigen ist bekannt – mit Ausnahme von Holunder, Preiselbeere und Sanddorn –, dass man den Vögeln Konkurrenz machen und die Beeren pflücken und genießen darf. Einige eignen sich für den Rohverzehr, andere werden zu Saft, Gelee, Konfitüre usw. verarbeitet.

Und last but not least haben auch Andenbeere, Cranberry, Josta, Maibeere, Tayberry, Loganbeere ... ihren Auftritt. Die einen sind das Produkt einer gelungenen Kreuzung unserer Gartenbeeren. Die andern kommen von fernen Kontinenten und fühlen sich mittlerweile in unseren Breitengraden zuhause.

Beeren sind ein Geschenk der Natur. Nehmen wir es an, zum Wohle unserer Gesundheit und für unverfälschten kulinarischen Genuss.

Andenbeere

Andenbeere

(Physalis peruviana)

In zartschmelzende Schokolade getaucht oder in einem exotischen Fruchtsalat, so begegnet man der Andenbeere, auch Physalis oder Kapstachelbeere genannt, immer häufiger. Der süßsäuerliche Geschmack der leuchtend gelben, etwa kirschgroßen Beeren ist eine Mischung aus Stachelbeere und Ananas und einer «Prise» Kiwi.

Andenbeeren ergeben eine feine Konfitüre, sie werden allerdings meistens frisch gegessen. Roh haben sie am meisten Vitalstoffe, vor allem die Vitamine A, B und C und das Mineral Eisen. Andenbeeren sollen nicht nur Rheuma und Gicht lindern, sondern auch bei Nierenfunktionsstörungen und Nierensteinen Linderung bringen. Die Beeren sind möglicherweise harntreibend wie die sehr sauren Beeren der Lampionblume (Physalis alkekengi), die als Heilpflanze bei Griechen und Römern hohe Gunst genoss.

Ursprünglich stammt die Andenbeere aus Peru, wie ihr botanischer Name «Physalis peruviana» verrät; sie ist aber auch unter dem Namen «Inkakirsche» bekannt. Christoph Kolumbus (1451–1506) und andere verwegene Seefahrer, die auf ihren abenteuerlichen Schiffsreisen häufig unter Skorbut gelitten haben, einer Vitamin-C-Mangelkrankheit, haben sie vermutlich verbreitet.

Am Kap der Guten Hoffnung in Südafrika wachsen die Physalis seit Jahrzehnten wild. Heute werden sie dort auch in Plantagen angebaut. Diesem Umstand verdankt die reizvolle Pflanze die deutsche Bezeichnung «Kapstachelbeere». Von Stacheln jedoch keine Spur, der Name verweist vielmehr auf die geschmackliche Ähnlichkeit mit der Stachelbeere – ihr Geschmack ist dennoch exotischer.

Anbau im Garten und im Topf
Die Andenbeere ist ein Nachtschattengewächs und somit verwandt mit Peperoni/Paprikaschote, Aubergine und Tomate. Sie stellt die gleichen Ansprüche an die Kultur: Sie liebt einen ausgesprochen sonnigen und geschützten Standort, für das Wachstum braucht sie nährstoffreiche Erde, gleichmäßige Feuchtigkeit im Wurzelbereich und als Stütze einen Stab.

Balkon und Terrasse bieten ideale Bedingungen. Zudem ist die gut 1 Meter hohe Pflanze mit samtartigem Laub ausgesprochen attraktiv. Etwa im Juni entfalten sich in den Blattachseln hübsche gelbe Blüten mit dunkelbraun gefärbtem Schlund. Daraus entwickeln sich die Kelchblätter zu grünen Blasen – etwas kleiner als diejenigen der Lampionblume – und darin reifen die Beeren. Erntezeit ist ab August bis zum ersten Frost, wenn sich die Hüllen gelb verfärbt haben und trocken und pergamentartig sind.

Gerade im Hobbygarten, wo auf kleinem Raum Abwechslung erwünscht ist, sollten die Andenbeeren ein Plätzchen bekommen. Gesät wird im März bis Anfang April; der Topf schätzt einen Platz auf der Fensterbank. Die Pflanze ist wie alle Nachtschattengewächse frostempfindlich und darf erst nach den Eisheiligen, gegen Ende Mai, ins Freie gepflanzt werden; Abstand jeweils 60 cm x 60 cm. Wenn die Pflanze etwa 50 cm hoch ist, werden die Triebe an Bambus- oder Holzstäbe fest gebunden. Ideale Stützen sind auch Tomatenspiralen aus Metall, in die man die Triebe eindrehen, statt aufbinden kann. Anders als bei der Tomate lässt man die Seitentriebe stehen, denn die Pflanze wächst nicht so ungestüm. Je mehr Zweige, desto mehr Blattachseln, die Blütenknospen hervorbringen, aus denen sich die lampionförmigen Hüllen mit den Beeren entwickeln. Zur Nährstoffversorgung empfiehlt sich eine Bodenabdeckung im Wurzelbereich aus halbverrottetem Kompost.

Früchtchen frisch vom Balkon
Als Kübelpflanze benötigt die Andenbeere ein Gefäß von etwa 10 bis 15 Liter Inhalt. Für die Drainage und einen einwandfreien Wasserabzug bedeckt man den Topfboden (sollte mindestens ein Loch haben) zuerst mit einer Schicht aus Tonscherben oder Blähtonkügelchen. Die Pflanze an Bambusstäben aufbinden und dem Gießwasser wöchentlich Flüssigdünger beifügen.

Andenbeeren sind mehrjährig – aber nicht in unseren Breitengraden. Man kann die Pflanze oder den Wurzelballen in einem Topf an einem kühlen Ort im Haus überwintern – oder man schneidet im Herbst Stecklinge. Einfacher ist jedoch die jährliche Aufzucht aus Samen.

Berberitze

Berberitze

(Berberis vulgaris)

Der auch unter «Sauerdorn» bekannte Strauch schmückt in unseren Breitengraden viele Gärten und öffentliche Anlagen; man pflanzt ihn auch als Hecke und Sichtschutz. In der freien Natur begegnet man ihm auf steinigen Hügeln oder am Waldrand bis auf 2200 Meter Höhe. Berberitzen sind anspruchslos. Sie wachsen selbst auf unfruchtbarem Gelände und auf Magerwiesen.

Berberitzen gibt es in einer unglaublichen Vielfalt, etwa in 500 Arten und unzähligen Sorten. Es sind alles ausgesprochen pflegeleichte und attraktive Gehölze. Einige haben dunkelrote Blätter, andere grüne in verschiedenen Farbtönen. Je nach Sorte unterscheiden sie sich aber auch in der Blütenfarbe und ihrem üppigen Fruchtbehang, von Rosa über Orange und Rot bis Weinrot – oder auch Blaugrau.

Diejenigen Berberitzen, welche im Herbst ihr Blattwerk verlieren, verwöhnen uns zuvor mit einem zauberhaften Farbenspiel. Und die immergrünen malen mit rotem oder broncefarbenem Blattwerk und bunten Beeren Farbtupfer ins winterliche Grau. Dank ihrem meist dichten Dornengestrüpp sind Berberitzen beliebte Brut- und Nistplätze für Vögel.

Das Gehölz der Berber

Der Gattungsname der Berberitze (Berberis) stammt aus der nordafrikanischen Heimat der Berber. Die Araber brachten das robuste Gehölz von Nordafrika nach Spanien, von wo aus sich Berberis vulgaris, die «Gemeine Berberitze», über ganz Europa verbreitete. Die Berberitze ist eine alte Heilpflanze. Die Beeren wurden schon immer genutzt, häufiger aber die Wurzeln und die Rinden, welche verschiedene Alkaloide enthalten, unter anderem Berberin, das galletreibend wirkt, den Kreislauf anregt und bei Leberleiden angezeigt ist.

Der heimische Sauerdorn öffnet im Mai und Juni seine niedlichen gelben Blüten, die adrett an hängenden Trauben sitzen. Die länglichen, scharlachroten Beeren reifen von September bis Oktober. Zum Schutz gegen die Dornen Gartenhandschuhe anziehen und mit einer Schere ganze Trauben abschneiden, da man die Beere bei Einzelpflückung leicht zerquetscht. Beeren über einer Schüssel mit einer Gabel oder von Hand von den Stielen streifen.

Stärkungsmittel für Leber und Galle

Die Beeren sind reich an Vitamin C und entsprechend sauer. In der früheren österreichischen Monarchie hat man aus dem Saft Bonbons hergestellt, die unter dem Namen «Weinscharl» bekannt waren.

Nach den ersten Frostnächten werden die sauren Beeren durch die Kälteeinwirkung geschmacklich milder. Den gleichen Effekt erreicht man durch das Tiefkühlen. Die Beeren portionweise auftauen, leicht auspressen und den Saft wie Zitronensaft verwenden.

Den Saft mit Zucker auf Sirupdicke einkochen. Und schon hat man ein ausgezeichnetes Stärkungsmittel fur Leber und Galle. Dosierung: 3 Mal täglich einen Teelöffel voll nach dem Essen.

Tipps

- Für einen feinen Brotaufstrich wenig Berberitzensaft mit Honig verrühren.

- Die Beeren zu Konfitüre, Kompott, Gelee und Sirup verarbeiten.

Brombeere

Brombeere

(Rubus fruticosus)

Allein in Europa dürfte es über hundert einheimische Brombeerarten und unzählige Sorten geben, weil sich die mit Stacheln bewehrten Brombeeren untereinander kreuzen. Wild wachsen die «Echten Brombeeren» am Waldrand, im lichten Untergehölz, in Steinbrüchen und in Sandgruben. Ihre kleinen, glänzend schwarzen Beeren sind besonders aromatisch, enthalten aber auch reichlich Samenkerne.

Sammelzeit der wild wachsenden Brombeeren ist von Juli bis September. Die Früchte sind reif, wenn sie sich mit der zapfenförmigen Blütenachse leicht pflücken lassen. Das Rosengewächs hat ein ungebremstes Wachstum; es bildet von Jahr zu Jahr ein dichteres und größeres Gestrüpp, entsprechend dornenvoll ist die Pflückarbeit. Grund sind die jungen Triebe, welche gegen den Boden und Wurzeln schlagen. Zum Pflücken Arme und Beine mit geeigneter Kleidung schützen, weil die Stacheln messerscharf sind und in der Haut tiefe Kratzspuren hinterlassen.

Bei den Urvölkern – und auch noch Generationen später – waren die Brombeeren die wichtigste Herbst- und Sammelfrucht. Wildwachsend waren sie so stark verbreitet und die Ernte entsprechend ergiebig, dass die Pflanze erst im 19. Jahrhundert kultiviert wurde.

Kultursorten aus Amerika

Wohl die älteste und dank des feinen Aromas auch heute noch geschätzt, ist die Sorte «Theodor Reimers». Selektioniert wurde sie 1890 in Nordamerika. Aus den USA stammt auch einer der ersten Brombeersträucher ohne Dornen, die «Thornless Evergreen» aus dem Jahre 1926.

Rund 30 Jahre später startete Prof. Jim Moore an der amerikanischen Universität Arkansas in Fayetteville ein breit angelegtes Programm für die Züchtung von Brombeeren. Seine erfolgreiche Arbeit hat sein Nachfolger, John R. Clark, zur Marktreife gebracht. Die Pflanzen sind seit kurzem als «Arkansas-Brombeeren» in verschiedenen Sorten im Gartenfachhandel erhältlich. Sie haben im Hobbygarten eine große Zukunft. Denn Arkansas-Brombeeren wachsen aufrecht und gedeihen an einem Stützpfahl. Der Platzbedarf ist klein, weil die Triebe nicht an meterlangen Drähten gezogen, fleißig geschnitten und aufgebunden werden müssen.

In Blinddegustationen haben «Arkansas-Brombeeren» deutlich besser abgeschnitten als alte dornige Sorten. Die Pflanze ist ausgesprochen robust und wenig anfällig gegen Schädlinge und Krankheiten und damit auch prädestiniert für den biologischen Anbau oder einen Naschgarten vor der Haustür.

Viel gesünder, als man denkt

Sonnengereift und frisch vom Strauch schmecken Brombeeren am besten, weil sie nur bedingt lagerfähig sind. Die dunklen Früchtchen verfügen über eine bemerkenswerte Vielfalt und Menge an gesunden Inhaltsstoffen: Sie sind reich an Kalium, Kalzium, Magnesium und Phosphor. Beachtlich ist auch der Anteil an Vitamin A (Beta-Carotin), er ist höher als in allen anderen Beerenarten.

In der Naturheilkunde schätzt man die Brombeere wegen ihrer harntreibenden und blutzuckersenkenden Wirkung. Diabetiker freuen sich darüber.

Aus getrockneten Brombeerblättern kann man einen Tee zubereiten. Blätter mit heißem Wasser übergießen, einige Minuten stehen lassen. Und schon hat man einen feinen Tee, der einen rosenähnlichen Duft versprüht, so wie man es von einem Rosengewächs gewohnt ist. Die Himbeere gehört übrigens in die gleiche Familie.

Cranberry

Cranberry
(Vaccinium macrocarpum)

Weihnachten oder Erntedankfest ohne Pute/Truthahn und Cranberry-Sauce? In Amerika unvorstellbar! Zuerst mussten die Indiander die aus Europa eingewanderten Siedler aber auf den Geschmack bringen. Denn die Einwanderer verschmähten das in freier Wildbahn lebende Federvieh ebenso wie die leuchtend roten, herb-sauren Beeren des Heidegewächses. Als die Lebensmittel knapp wurden und der Hunger groß genug war, mussten die Verächter wohl oder übel die traditonelle Küche der Ureinwohner übernehmen.

Bevor die Kraniche, englisch «cranes», in wärmere Gefilde flogen, stopften sie sich jeweils für die weite Reise mit Beeren voll, englisch «berry/berries».

So kamen die kirschgroßen Moosbeeren zu ihrem englischen Namen. Die Indianer kochten sie stets mit Ahornsirup. So bekamen die Beeren nicht nur einen süßlichen und delikaten Geschmack, sie waren auch noch konserviert.

Gesalzenes und an der Luft oder über dem Feuer getrocknetes Fleisch oder Geflügel zerstampften die Indianer mit Cranberries zu einem Mus, das sie in Vorratsbeutel aus Tierfellen füllten. Diese «Fleischkonserve» diente ihnen auf ihren Wanderungen durch die Wildnis als Proviant und als Vorrat für die lange, kalte Winterzeit. Der hohe Anteil an Ascorbinsäure (Vitamin C) verlängerte die Haltbarkeit des Fleisches und schützte die Menschen gleichzeitig vor einem Vitaminmangel. Selbst die Cowboys im Wilden Westen haben diese Sitte der Urvölker übernommen.

Sumpfbeete für die Cranberry-Kultur

Seit 1816 werden Cranberries in den USA im großen Stil kultiviert. Inzwischen ist die Produktion auf jährlich 70 000 Tonnen angestiegen. 20 Prozent der Ernte, also 14 000 Tonnen, werden allein am Erntedankfest verspeist, das jeweils am letzten Donnerstag im November stattfindet. Führend im Anbau von Cranberries ist Wisconsin, ein US-Staat an der Grenze zu Kanada, umgeben von Michigan- und Oberem See. Denn Süßwasser ist für Cranberry-Kulturen wichtig. Die riesigen Plantagen werden in Felder eingeteilt und mit Erddämmen eingefasst. Dann werden die Kulturen geflutet und die Pflanzen stehen im Sumpf. Sie benötigen durchlässigen, ausgesprochen sauren Boden mit einem pH-Wert (Säuregrad) von 4,0 bis 5,5. Erst im 4. Vegetationsjahr kann erstmals geerntet werden, für einen vollen Ertrag muss man 7 Jahre warten.

Eis als Frostschutz
Der Strauch der amerikanischen Moosbeere ist frostempfindlich. Im Dezember werden deshalb die Kulturen mit Wasser überflutet, um so die Sträucher unter der Eisdecke vor dem Erfrieren zu schützen. Dies ist übrigens ein Verfahren, das auch unsere Obstbauern anwenden, um die Blüten in frostigen Mainächten vor dem Erfrieren zu schützen.

Über die Eisschicht in den Cranberry-Feldern tuckern große Traktoren mit Sandstreuern. Sobald das Eis zu schmelzen beginnt, verteilt sich der Sand auf der sauren Erde. Er ermöglicht eine gute Drainage und regt die Pflanzen zur Bildung von Ausläufern mit neuen Blütenknospen an. Gegen Ende Juni öffnen sich die winzigen rosaroten glockenförmigen Blüten. Sie sind Selbstbestäuber, aber auch willkommene Nektarschenken für Hummeln, Bienen und andere Insekten. Die zuerst grünen Beeren färben sich innerhalb von 75 bis 100 Tagen bis zur Reife leuchtend scharlachrot.

Ernte mit Schlämmen oder Kämmen
Cranberries für den Frischverkauf werden im sogenannten Trockenverfahren geerntet. Dennoch flutet man die Felder einige Zentimeter hoch mit Wasser, damit die Beeren während der Ernte durch die maschinellen Kämme nicht zerquetscht werden.

Für die «nasse Ernte» setzen die Produzenten die Felder rund 25 Zentimeter hoch unter Wasser. Nun werden die Beeren maschinell gedroschen. Weil Cranberries leichter sind als Wasser, schwimmen sie an der Oberfläche. Die Felder gleichen riesigen korallenroten Seen. Die schwimmenden Beeren werden mit Netzen gefischt, auf Trucks geladen und zur industriellen Verwertung gefahren.

Moosbeeren in Europa
Zuchtsorten der in Nordamerika wild wachsenden Cranberries werden auch in Holland angebaut, und zwar in den kalkarmen Dünentälern auf den Nordseeinseln. Auf den intensiven Wassereinsatz wird dort allerdings verzichtet. Die reifen Beeren werden maschinell von den Sträuchern gekämmt. Etwa alle 7 Jahre werden die Sträucher mit einer Schicht Dünensand zugedeckt, um die Bildung neuer Blütentriebe zu fördern.

In Nord- und Mitteleuropa ist eine bedeutend kleinfruchtigere Cranberry-Art heimisch, nämlich die Moosbeere mit dem botanischen Namen Vaccinium oxycoccus. Sie ist wie die Cranberry eng mit der Preiselbeere verwandt. Die Sträuchlein sind unscheinbar und wachsen kriechend mit bis zu 80 Zentimeter langen Ranken über Moospolster auf nassen und sauren Torfböden bis auf 1800 Meter Höhe. Die gelb-rot gesprenkelten Beeren reifen im Herbst.

Da immer mehr Hochmoore durch den Raubbau von Torf zerstört werden, kommt die kleinfruchtige Moosbeere, auch Moorbeere genannt, nur noch in den Tundren Skandinaviens häufig vor. Deshalb sollte sie bei uns nicht gesammelt werden.

Verwendung und Anbau im Hausgarten
Frische Cranberries sind herb-sauer und nicht nach jedermanns Geschmack. Frost – und somit auch das Tiefgefrieren – mildert ihr Aroma.

Die Cranberries eignen sich wie die Preiselbeeren für Kompott, Gelees, süßsaure Saucen wie Relishes und Chutneys.

In guten Baumschulen können Cranberry-Pflanzen gekauft werden. Sie werden wie Preiselbeeren oder Heidelbeeren in saure Erde gepflanzt und kultiviert. Sie eignen sich auch für die Kultur in Töpfen.

Erdbeere

Erdbeere

(Fragaria)

Erdbeeren eröffnen ab Mitte Mai die einheimische Beerenernte – jedes Kind kennt sie. Doch wenn es um die Sortenvielfalt geht, findet man sich kaum zurecht. Es gibt weit über tausend verschiedene Erdbeerzüchtungen – und jedes Jahr kommen ein paar neue auf den Markt. Je nach Sorte reifen sie zu unterschiedlichen Zeiten, sogenannte «immertragende» (remontierende) Sorten bis in den Oktober.

Geschmackliches Vorbild sind die Walderdbeeren (Fragaria vesca). Nichts spricht deutlicher für den nahen Sommer als die dunkelroten Beeren, die einem an sonnigen Waldrändern zwischen hellgrünen Blättern und weißgelben Blüten entgegenlachen. Sie reifen ab Juni bis in den Herbst. Ihr unverwechselbares Aroma haben sie erst, wenn sie sich leicht von den Stielen pflücken lassen. Die Walderdbeeren sind in ganz Europa weit verbreitet und gedeihen an sonnigen Plätzen in Lichtungen und an Waldrändern bis auf 2000 Meter Höhe.

Ode an die Walderdbeeren

Bereits die römischen Dichter Ovid und Vergil priesen die aromatischen Walderdbeeren. Der Schriftsteller Plinius (24–79 n. Chr.) beschrieb in seiner «Naturgeschichte» ihre gesundheitsfördernde Wirkung. Kräuterpfarrer Künzle schwärmt von Walderdbeeren als ausgezeichnetem Heilmittel gegen Gicht und Rheumatismus, weil sie das «Blut reinigen und verhockte Stoffe aus Niere und Blase austreiben.»

Direkte Nachkommen der Walderdbeeren sind die Monatserdbeeren. Sie heißen so, weil über Monate immer wieder Früchtchen reifen. Unter diesen immertragenden Erdbeeren gibt es neue Sorten mit größeren Früchten, die sich speziell für den Anbau im Hausgarten eignen, so etwa die französische Züchtung «Mara des Bois», die 1991 auf dem Markt eingeführt wurde.

Einen kräftigen, nach Walderdbeeren duftenden Geschmack hat auch «Spadeka», eine Kreuzung der Gartenerdbeere und der Walderdbeere des deutschen Züchters Dr. R. Bauer aus Breitbrunn. Sie eignet sich hervorragend für den Anbau im Hausgarten als Bodenbedecker. Die Beeren reifen von Anfang Juni bis im Juli.

Kapitän Frézier und die «Schöne von Chile»

Die prallroten, großfruchtigen Erdbeeren (Fragaria ananassa) hatten eine abenteuerliche Zeit, bevor sie in unsere Gärten einziehen konnten. Denn sie stammen nicht von unseren einheimischen Walderdbeeren ab, sondern kommen aus Chile und Nordamerika. Siedler in den Vereinigten Staaten hatten verschiedene Sorten gefunden, die als «Amerikanische Scharlach-Erdbeeren» Eingang in die botanischen Gärten Europas fanden.

Andererseits entdeckte der französische Fregattenkapitän und Hobbybotaniker Amédée François Frézier anno 1714 in Chile eine Erdbeersorte, die sich wesentlich von den bis dahin bekannten Pflanzen unterschied. Sie hatte ledrige, starre blaugrüne Blätter, behaarte Stängel und sensationell große Früchte. Die als «Schöne von Chile» bekannt gewordene Erdbeerart ist die direkte Ahnin unserer Gartenerdbeere.

Doch das europäische Klima behagte dem weit gereisten Rosengewächs nicht. Die Erdbeere litt unter der Winterkälte und setzte kaum Früchte an, bis bretonische Bauern das Geheimnis der Chilenin lüfteten. Die «Schöne von Chile» ist zweihäusig, sie hat also entweder männliche oder weibliche Blüten. So begannen die Franzosen zwischen die Chile-Erdbeeren die amerikanische Scharlach-Erdbeeren zu pflanzen ... und mit der Befruchtung klappte es.

Um 1750 tauchte die neue Erdbeerkreuzung in Amsterdam auf. Die Holländer nannten sie wegen der Form und dem aparten Geschmack «Ananas-Erdbeere». So heißt die großfruchtige Gartenerdbeere noch heute, was sich auch in der botanischen Bezeichnung «fragaria ananassa» niederschlägt.

Köstliche, aber empfindliche Früchtchen

Die vitaminreichen, leckeren Beeren sind von Natur aus zarte Früchtchen. Schon beim Waschen unter dem Wasserstrahl werden die empfindlichen Zellstrukturen zerstört. Also Erdbeeren nur kurz in ein mit Wasser gefülltes Gefäß tauchen. Mit Erde verschmutzt sind die Beeren normalerweise nicht, weil die Pflanzen meistens auf Folie angebaut werden. Traditionell werden die Beeren mit Stroh unterlegt, deshalb auch ihre englische Bezeichnung «Strawberry» (Strohbeere).

Einmal gepflückt, verderben Erdbeeren sehr schnell. Man kann sie für einen Tag im Kühlschrank aufbewahren, doch tiefe Temperaturen sind ein Aromakiller. Für den Frischverkauf bestimmte Sorten müssen deshalb festfleischig und transportfähig sein.

Erdbeeren Marke Eigenbau

Für den Anbau im eigenen Garten oder als Ampel- oder Spaliererdbeere für den Balkon steht das Aroma im Vordergrund. Sonnengereift und frisch gepflückt schmecken sie sowieso am besten. Die Monatserdbeeren kann man leicht aus Samen ziehen, Saattermin ist im Frühling. Sie sind ideal als bodenbedeckende Bepflanzung an sonnigen Plätzen unter Sträuchern oder als hübsche Einfassung von Garten- beeten. Sie gedeihen sogar in Blumenkisten und Töpfen.

Speziell für den Balkon gibt es rankende Klettererdbeeren zum Hochziehen an Stäben oder Hängeerdbeeren, die Blüten und Früchte dekorativ über Ampeln oder Blumenkisten drapieren. Setzlinge sind im Gartenfachhandel erhältlich. Lassen Sie sich dort beraten, denn einige Züchtungen fruchten auch im Halbschatten, andere bevorzugen volle Sonne.

Gartenerdbeeren setzt man üblicherweise im August. Inzwischen werden ab Mai jedoch bereits beerentragende Pflanzen in Behältern angeboten. Für den Hobbygärtner erleichtern sie die Auswahl, und man kann die köstlichen Früchte gleich genießen.

Tipps für eine erfolgreiche Beerenkultur

Um die Übertragung von Pilzkrankheiten zu verhindern, sollten am vorgesehenen Standort seit drei Jahren keine Erdbeeren mehr gewachsen sein. Aus diesem Grund ist auch ein großer Abstand zwischen den einzelnen Pflanzen wichtig: Erdbeeren entweder in einer Reihe auf einen kleinen Erdwall setzen oder höchstens drei Reihen pro Beet und die Pflanzen versetzt anordnen. Lauch, Zwiebeln oder Knoblauch zwischen die Erdbeeren pflanzen, sie beugen Erdbeermilben und Grauschimmelbefall vor.

Die Erde vor dem Pflanzen tief lockern und gut verrotteten Kompost oder Rindenhumus oberflächlich einhacken. Zwei Wochen vor und nach der Pflanzung keinen Dünger ausstreuen. Wenn später spezieller Beerendünger verwendet wird, so ist die auf der Verpackung angegebene Dosierung einzuhalten, weil Überdüngung die Fruchtfäulnis begünstigt.

Erdbeeren nur so tief einpflanzen, dass der Wurzelhals aus der Erde ragt. Setzlinge für guten Bodenkontakt nach dem Pflanzen mit der Gießkanne (ohne Brause) gut einschwemmen. Bei Trockenheit gießen, bis die Pflanzen eingewurzelt sind. Eine Bodenabdeckung (Mulch) aus dünn gestreutem Rasenschnitt, gehäckseltem Schilf oder Stroh unterdrückt den Unkrautwuchs und sorgt für Feuchtigkeit im Wurzelbereich.

Felsenbirne

Felsenbirne

(Amelanchier)

Das zauberhafte, anspruchslose Gehölz sieht man leider viel zu selten. Und wenn, dann ist kaum bekannt, dass die Beeren, die mit ihrem zurückgeschlagenen Kelch winzigen Äpfelchen gleichen und ab Juli reifen, einfach köstlich schmecken. Im Aroma sind sie Heidelbeeren ähnlich, allerdings etwas fader. Meistens muss man die Ernte mit einer ganzen Vogelschar teilen, denn die gefiederten Freunde sind ganz versessen auf die Beeren, die sie eifrig von den Stielen picken. Abgesehen vom Frischverzehr direkt ab Strauch können die Felsenbirnen auch zu Kompott oder Konfitüre gekocht werden. Oder man trocknet die Beeren und verwendet sie wie «Korinthen», deshalb wird das Gehölz in gewissen Gegenden auch «Korinthenstrauch» genannt.

Die Felsenbirne ist – wie viele Beerenpflanzen – ein Rosengewächs. Je nach Sorte wächst sie als Strauch oder Hochstammbaum. Sie bekommt auch ohne Schnitt eine attraktive Form. Im Frühling schmücken sich der Strauch und der Baum überschwänglich mit weißen Blüten und im Herbst mit prächtig rotbraunen Blättern.

Pionier- und Schmuckgehölz

Die Gewöhnliche Felsenbirne (Amelanchier ovalis) ist in Südeuropa beheimatet und kommt auch nördlich der Alpen bis auf 1800 Meter Höhe wild vor, in Deutschland bis nach Hessen und Thüringen. Ihr bevorzugter Standort ist trocken und sonnig, am besten auf einem kalkhaltigen Sand- oder Kiesboden.

Die Gewöhnliche Felsenbirne ist eine typische Pionierpflanze, die als Erstbesiedlerin den Boden für andere Pflanzen vorbereitet. Wenn es ihr gefällt, bildet sie Ausläufer, die im Garten bodennahe abgeschnitten werden können. Oder man braucht die Ausläufer zur Befestigung der Erde und als Erosionsschutz an Böschungen.

Noch vor Blattaustrieb im April öffnen sich die Blüten, die zu aufrechten Trauben angeordnet sind und Bienen sowie andere Insekten zum Nektarmahl locken. Die etwa erbsengroßen Beeren reifen ab Juli, sie sind blauschwarz und bereift.

Robuste Sträucher – auch für den Dachgarten

Die Kupfer-Felsenbirne (Amelanchier lamarckii) stammt ursprünglich aus Nordamerika, hat sich aber vor mehr als hundert Jahren in Westeuropa eingebürgert. Im April und Mai entfaltet sie gleichzeitig mit den Blüten ihre Blatttriebe in einem leuchtenden Kupferrot. Der Beerenbehang ist üppiger als derjenige der Gewöhnlichen Felsenbirne. Mit leuchtend orangen bis scharlachroten Blättern schmückt sich das Gehölz ein zweites Mal im Herbst.

Etwas größere Beeren als alle anderen trägt die Kahle Felsenbirne (Amelanchier laevis). Die Beeren sind anfangs rot, später blauschwarz bereift. Ihre Herbstfärbung ist purpurrot.

Alle Felsenbirnen-Arten sind widerstandsfähig gegenüber Luftverschmutzung und eignen sich somit gut für die Stadtbegrünung. Sie gedeihen zudem problemlos in großen Gefäßen und setzen sich auf Dachgärten und Terrassen attraktiv in Szene.

Heidelbeere

Heidelbeere

(Vaccinium)

Die in Europa heimische Heidelbeere (Vaccinium myrtillus) gedeiht als niedriges Sträuchlein auf saurem Boden in lichten Wäldern und auf Heiden. Die unterirdischen Triebe durchziehen die Erde netzartig, so kann sich das Erikagewächs (Ericaceae) mit den myrtenähnlichen Blättchen teppichartig ausbreiten.

Die winzigen kugelförmigen Blüten sind grünlich bis rot und stehen meist allein, selten zu zweit in den Blattachseln. Je nach Höhenlage und Klima reifen die kaum erbsengroßen Heidelbeeren von Juli bis August. Sie werden einzeln und von Hand gepflückt. Der Saft der blauschwarzen und bereiften Beeren färbt intensiv – einen Heidelbeermund wird man nicht so schnell wieder los.

Aufgrund der starken Färbung ist auch «Blaubeere» ein geläufiger Name für die köstlichen Früchtchen. Sie werden spätestens seit dem 12. Jahrhundert in der Heilkunde genutzt, nachzulesen in den Schriften der Hildegard von Bingen (1098–1179). «In der Heidelbeerernte kann der Arzt auf Urlaub gehen», besagt eine alte Volksweisheit.

Frische und getrocknete Beeren, Saft und Gelee stoppen Durchfall jeder Art. Die für die Krankheit meist verantwortlichen Colibakterien werden von den Inhaltsstoffen der Heidelbeere innerhalb von 24 Stunden wirksam außer Gefecht gesetzt.

Kultivierte Heidelbeeren aus den USA
Immer häufiger sind im Handel großfruchtige Heidelbeeren erhältlich. Geschmacklich unterscheiden sie sich kaum von den einheimischen. Der Beerensaft färbt jedoch praktisch nicht, denn bei den meisten Sorten ist das Fruchtfleisch hellgrün und nicht wie bei den kleinen Waldheidelbeeren dunkelblau durchgefärbt.

Die Kulturheidelbeere stammt von den amerikanischen «Blueberries» (Vaccinium corymbosum) ab. Es gibt verschiedene Züchtungen mit gestaffelter und mehrmaliger Ernte ab Juli. Auf der Suche nach alternativen Produktionszweigen haben sich auch hier ansässige Bauernbetriebe auf Heidelbeerkulturen spezialisiert.

Heidelbeeren im Hausgarten
Der amerikanische Kulturheidelbeer-Strauch ist robust und pflegeleicht. Er gedeiht auch im Hausgarten problemlos. Je nach Sorte wird die Pflanze ein bis zwei Meter hoch. Sie hat einen hohen Zierwert.

Bereits im Frühling verwöhnt uns das Heidegewächs mit dem kupferroten Blattaustrieb. Im Mai dann öffnen sich die hübschen weißen, mit Rosa angehauchten Blütenglöckchen, welche den Maiglöckchen ähnlich sehen. Sie sitzen in dichten Büscheln zusammen und werden fleissig von Bienen und Hummeln besucht. Im Herbst trumpfen die Kulturheidelbeeren mit ihrer glühend roten Blattfärbung noch einmal so richtig auf.

Sobald sich die ersten grünen Beeren blau verfärben, etwa im Juli, muss der Strauch mit einem Vogelnetz geschützt werden. Denn Amseln und andere Vögel sind scharf auf den Beerenschmaus. Die Ernte erstreckt sich über mindestens 3 bis 4 Wochen. Während dieser Zeit können alle 2 bis 3 Tage Beeren gepflückt werden. Die Kultur-Heidelbeeren sind zwar selbstfruchtbar, wenn man aber mindestens zwei Sträucher pflanzt, so steigert das den Ertrag.

Tipps

- Kaufen Sie verschiedene Heidelbeersorten, die sich in Fruchtgeschmack und Reifezeit unterscheiden.

- Kaufen Sie 3 bis 4 Jahre alte Container-Pflanzen mit mehreren Trieben. Dann können Sie bereits im ersten Sommer mehr als 1 Kilogramm Heidelbeeren je Strauch pflücken.

- Setzen Sie als Unterbepflanzung zu jedem Heidelbeerstrauch 2 Preiselbeer- oder 2 Cranberry-Sträucher (Moosbeeren).

Saure Erde ist Voraussetzung

Man wundert sich, weshalb die Kultur-Heidelbeere mit so vielen Vorzügen nicht schon längst in jedem Hausgarten steht. Ganz einfach: Als Moorpflanze benötigt sie ausgesprochen saure Erde mit einem pH-Wert von 3,5 bis 4. Ohne ein richtiges Moorbeet mit einem hohen Torfanteil ist dieser hohe Säuregrad nicht zu erreichen.

Zum Gießen möglichst nur Regenwasser verwenden, denn Leitungswasser enthält mehr oder weniger Kalk, der die Bodensäure neutralisiert. Als Standort eignet sich ein Platz an der Sonne oder im Halbschatten.

Wer Heidelbeeren pflanzen will, muss eine etwa 80 Zentimeter tiefe Grube ausheben und sie mit Folie auskleiden, um Einwaschungen von der kalkhaltigen Gartenerde zu verhindern. Damit der Wasserabzug gewährleistet ist, werden im Bodenbereich Schlitze in die Folie geschnitten.

Ein Torfballen dient als Pflanzbeet

Eine einfachere Variante ist, für zwei Sträucher einen großen Torfballen samt Plastikverpackung in die Pflanzgrube zu legen. Für den Wasserabzug wird die Folie seitlich eingeschlitzt. Oben schneidet man die Verpackung von der Mitte zu den Ecken hin so ein, dass die Folie einen Rand bildet.

Das vorbereitete Moorbeet zuerst durchdringend mit Regenwasser gießen, weil Torf die Feuchtigkeit nur langsam aufnehmen kann. Zum Pflanzen den Topf entfernen und den Wurzelballen ein wenig aufreißen. Den Heidelbeerstrauch so tief setzen, dass der Topfballen etwa fünf Zentimeter hoch mit Moorbeeterde bedeckt ist. Die Pflanze gut einschwemmen und den Boden mit einer schuhtiefen Schicht Rinde, geschreddertem Holz oder Hobelspänen abdecken. Ein gut geeigneter Zuschlagstoff ist auch Sägemehl, am besten aus Tannenholz.

Heidelbeeren in Topfkultur

Wenn die Pflanze im Topf belassen wird, erübrigt sich das Anlegen eines Moorbeetes. Geeignet ist jedes Gefäß mit einem Fassungsvermögen von mindestens 20 Liter Inhalt. Für den Wasserabzug muss der Topfboden ein Loch haben.

Als Pflanzsubstrat werden Moorbeeterde und Torf verwendet und als Zuschlag Sägemehl. Gedüngt wird – wie bei der Gartenkultur – einmal im Frühling und ein zweites Mal während der Fruchtreife. Nur sauer wirkenden Dünger verwenden, also solchen für Rhododendren und andere Moorgewächse. Andere Dünger sind ungeeignet.

Himbeere

Himbeere

(Rubus idaeus)

Die Himbeeren sind eng mit den Brombeeren verwandt und gehören botanisch betrachtet in die gleiche Gattung. Landläufig bezeichnet man stachellose Rubus-Arten und solche mit weichen Stacheln als Himbeeren – stärker bedornte hingegen als Brombeeren. In Tat und Wahrheit sind die Grenzen fließend; es gibt auch dornenlose Brombeeren. Ein wesentlicher Unterschied zeigt sich aber bei der Ernte: Brombeeren werden stets mit Fruchtzapfen geerntet, bei reifen Himbeeren verbleibt dieser am Stiel. Es gibt, wenn auch noch selten, schwarze Himbeeren. Etwas häufiger sieht man leuchtend gelbe Sorten. Zusammen mit roten Himbeeren sind sie ausgesprochen dekorativ, jedoch nicht sehr ausgeprägt im Aroma.

Wild wachsen Himbeeren häufig im lichten Schatten in Wäldern, Gebüschen und Hecken. Sie blühen im Mai und Juni, oft auch länger. Sammelzeit ist ab Sommerbeginn bis in den August. Bereits in der Steinzeit haben Himbeeren den Menschen als Nahrung gedient. Konservierte Samen und Pflanzenteile wurden in den Überresten prähistorischer Ufersiedlungen in der heutigen Schweiz gefunden.

Vergängliche Köstlichkeit

Himbeeren sind reif, wenn sie sich leicht vom kegelförmigen Blütenboden lösen. Sie sind sehr druckempfindlich und müssen mit entsprechender Sorgfalt behandelt werden. Einmal gepflückt, verderben sie rasch.

Himbeeren nach Möglichkeit frisch genießen. Oder zu Saft, Sirup, Gelee oder Konfitüre verarbeiten oder tiefkühlen. Mit wenig Wasser verdünnter Saft ist nicht nur ein erfrischender, aromatischer Durstlöscher, sondern er senkt bei Krankheit auch das Fieber.

Himbeeren sind reich an Vitamin C und Kalium, das entwässert und entschlackt. Die Beeren enthalten zudem beachtliche Mengen an Kalzium, Magnesium und Phosphor. Dank dem Basenüberschuss entsäuern sie das Gewebe.

Saison vom Sommer bis in den Spätherbst

Während vieler Jahrzehnte sind Himbeeren ausschließlich während der Sommerferien gereift. Dieses Handicap hat ihren Anbau im Hausgarten oft verwehrt. Inzwischen sind jedoch Züchtungen erhältlich, die bereits pünktlich zum Sommerbeginn reifen. Die neuen Sorten sind robust und kaum anfällig für Wurzel- und Rutenkrankheiten. Zudem gibt es immer größere Beeren mit einem köstlichen Aroma.

Himbeeren pflanzt man normalerweise als Hecke. So bieten sie zusätzlich einen Sichtschutz zu Nachbars Grundstück oder begrenzen den Nutz- zum Ziergarten. Als Gerüst spannt man zwischen zwei stabile Eckpfosten drei waagrechte Drähte im Abstand von etwa 50 Zentimetern. Jeden halben Meter eine Himbeerpflanze mit Wurzelballen setzen.

Auch wenn der Platz im Hausgarten beschränkt ist, muss man nicht auf Himbeeren verzichten. Man kann eine einzelne Pflanze wie eine Rebe an einem Stickel ziehen oder an einem Pergolapfosten kultivieren.

Herbsthimbeeren sind groß im Kommen

Den Anbau im Hausgarten hat vor allem die Herbsthimbeere revolutioniert. Sie ist wesentlich einfacher anzubauen als im Sommer reifende Sorten:

- Herbsthimbeeren müssen nicht aufgebunden werden. Man lässt sie durch ein 30 bis 60 cm breites Maschengitter wachsen, das den Ruten Halt gibt. Ende November werden die Ruten bodeneben abgeschnitten.

- Herbstsorten werden von Maden weitgehend verschont, weil sie erst nach der Flugzeit der Schädlinge blühen.

- Die frühesten Sorten reifen ab Anfang August. Die Ernte erstreckt sich bis in den September, manchmal können noch im Oktober die letzten Herbsthimbeeren geerntet werden.

Tipps für die Himbeerkultur

Himbeeren sind Flachwurzler. Die Pflanze benötigt einen humosen, eher sauren Boden. Der Untergrund muss durchlässig sein, denn Staunässe sagt ihr nicht zu. Um die Übertragung von Wurzel- und Rutenkrankheiten zu vermeiden, werden Neupflanzungen nur dort angelegt, wo seit mindestens 4 Jahren keine Himbeeren gewachsen sind. Andernfalls muss man die Erde auswechseln.

Für den Hausgarten kauft man am besten Pflanzen mit Topfballen. Gepflanzt werden kann während des ganzen Jahres, sofern der Boden nicht gefroren ist. Himbeeren setzt man nur gerade so tief, dass der Wurzelballen etwa drei Zentimeter hoch mit Erde bedeckt ist. Die Himbeeren gut mit Wasser einschwemmen – Gießkanne ohne Brause verwenden –, damit die Wurzeln einen guten Bodenkontakt erhalten und optimal anwachsen können.

Der Boden muss stets gut mit einer Mulchschicht abgegedeckt werden. Sie verhindert das Austrocknen der Erde, unterdrückt den Unkrautwuchs und wird zudem laufend zu nährstoffreichem Humus abgebaut. Zum Mulchen eignen sich gehäckseltes Holz, Rinden und Kompost sowie ab und zu ein Rasenschnitt.

Zu Füßen der Himbeeren können ab Mitte Mai Buschbohnen gepflanzt werden. Der in den Wurzeln eingelagerte Stickstoff ist eine gute Nahrung für die Himbeerkulturen. Zudem beschatten die Bohnen mit ihrem Blattwerk den Boden und schützen ihn so vor raschem Austrocknen. Himbeeren benötigen viel Feuchtigkeit, kurz vor der Ernte sogar ausgesprochen viel. Bei Trockenheit häufig und ausgiebig gießen. Im März oder April mit speziellem Beerendünger düngen.

Ruten von Sommerhimbeeren, welche Früchte getragen haben, nach der Ernte über dem Boden abschneiden. Junge Triebe senkrecht aufbinden. Im Frühjahr die Neutriebe auf 10 bis 12 Triebe je Laufmeter ausdünnen, d. h. man schneidet überzählige Triebe möglichst tief über dem Boden ab.

Holunder

Holunder

(Sambucus nigra)

Rechtzeitig auf die kühlere Jahreszeit reifen die Holunderbeeren. Zu Kompott, Sirup, Gelee oder Suppe gekocht, «ersetzt Holunder eine ganze Hausapotheke» (Volksmund), etwa zur Vorbeugung und Heilung von Erkältungen und Grippe.

Der zur Familie der Geißblattgewächse (Kaprifoliazeen) zählende Strauch ist über ganz Europa verbreitet. Er wächst bevorzugt an Waldrändern auf feuchtem Boden. Seit Urzeiten hat sich der sagenumwobene Busch aber auch in Wohngebieten angesiedelt. Zur Verbreitung beigetragen haben vor allem die Vögel, welche mit Vorliebe die schwarzen Beeren picken und den Samen mit dem Kot ausscheiden.

Im Mittelalter verehrten die Menschen den Holunderbusch als «heiligen Strauch». «Hut herunter vor dem Holunder», war eine gebräuchliche Ehrerbietung. Die Damen sollen hingegen einen artigen Knicks gemacht haben.

In der Heilkunde werden Blüten, Beeren und Blätter verwendet und aus Rinde und Wurzeln Extrakte hergestellt. Dass Holunderbeersaft die Gewichtsabnahme wirksam unterstützt, hat dem uralten Gehölz in jüngster Zeit zu neuem Ruhm verholfen. Zudem verwendet die Nahrungsmittelindustrie den Saft immer häufiger als natürliches Färbemittel.

Wohnsitz von Frau Holle
Holunder heißt der Strauch, weil ihn die Hausgöttin, Frau Holle, zum Wohnsitz auserkor. Der altdeutsche Name «Holun-tar» steht für «Baum der Holla» (Frau Holle), aber auch für «hohlen Baum», was Bezug nimmt auf das mit schneeweißem Mark durchsetzte, leicht auszuhöhlende Holz der Äste.

Die Holunderbeeren reifen ab Ende August, aber nicht alle Dolden auf einmal. Am besten schneidet man sie mit einer Schere und streift die Beeren mit einer Gabel von den Stielen. Schwarzer Holunder enthält die Vitamine A (Retinol), B_1 (Thiamin), B_2 (Riboflavin), B_3 (Niacin) und C (Ascorbinsäure). Die Beeren sind aber auch reich an Mineralstoffen wie Kalium, Kalzium und Phosphor. Roh essen sollte man Holunderbeeren allerdings nicht, denn sie können zu Übelkeit und Erbrechen führen.

Roter Holunder, Trauben-Holunder
(Sambucus racemosa)

Im Gegensatz zum Schwarzen Holunder sitzen die Beeren des Roten Holunders zu kleinen Trauben angeordnet am Strauch. Die grünlich-gelben Blüten öffnen sich im April und sind eher unscheinbar. Der Rote Holunderwird etwa drei Meter hoch und bevorzugt nährstoffreichen, aber kalkarmen Boden. Er ist fast in ganz Europa heimisch und gedeiht sogar in Berggebieten bis auf 2000 Meter Höhe.

Die scharlachroten Beeren reifen schon gegen Ende Juli. Aber Vorsicht: Die Samen sind giftig! Aus dem roten Holunder wird deshalb Saft gepresst, den man zu Sirup und Gelee einkochen kann.

Weißer Holunder
(Sambucus nigra «Albida»)

Es ist unbekannt, woher der Weiße Holunder stammt. Im Wachstum und in den Anspüchen an den Boden ist er ähnlich wie der Schwarze Holunder. Der Ertrag ist allerdings kleiner.

Die anfänglich grünen Beeren sitzen wie diejenigen des Schwarzen Holunders an Trugdolden. Wenn sie gegen Ende August reif werden, verfärben sie sich in ein hübsches Honiggelb. Weiße Holunderbeeren haben einen höheren Zuckergehalt als die schwarzen Beeren und können zu Saft, Konfitüre und Gelee verarbeitet werden.

Holunder im Hausgarten

Der Schwarze Holunder sollte in keinem naturnahen Garten fehlen. Er kann leicht aus Stecklingen gezogen werden; in Baumschulen findet man Sorten mit speziell großen Beeren. Der Strauch lässt sich sehr gut in Hecken integrieren oder beschattet auch den Kompostplatz. Er ist anspruchslos, bevorzugt allerdings einen feuchten, stickstoffhaltigen Ton- oder Lehmboden.

Pflanzzeit ist im Spätherbst, für Containerpflanzen das ganze Jahr, sofern der Boden nicht gefroren ist. Der Platzbedarf beträgt 3 m^2.

Der schwarze Holunderbusch kann im Laufe der Jahre bis 7 Meter hoch werden. Im Herbst schneidet man den Strauch kräftig zurück, denn Blüten und Beeren wachsen nur am einjährigen Holz, also an den Trieben, die jeweils im Frühjahr sprießen.

Ob schwarz, rot oder weiß: Die Holunderbüsche sind biologisch wertvoll und lassen sich sehr gut in pflegeleichte Naturhecken integrieren.

Sammeltipps

Die Blütendolden des Schwarzen Holunders werden knapp nach dem Aufblühen im Juni und Juli mit einer Schere abgeschnitten.

Schwarze Holunderbeeren sind ab Ende August reif. Nur Dolden mit gut ausgereiften Beeren abschneiden. Zum Trocknen die ganzen Dolden im Schatten mit genügend Abstand an einer Schnur aufhängen.

Holunderblüten in Küche und Hausapotheke

Ab Juni öffnen sich die intensiv duftenden elfenbeinfarbigen Blüten und werden so zum Anziehungspunkt vieler Insekten.

Die ganzen Holunderblütendolden kann man in einen Ausbackteig tauchen und diese im Frittieröl oder in einer Bratpfanne in reichlich Öl zu Küchlein ausbacken. Oder die Blüten für die Herstellung von Sirup verwenden.

Aus getrockneten Blüten kann man einen aromatischen, schweißtreibenden Tee gegen Grippe und Erkältung zubereiten: Einen Liter Wasser erhitzen und über eine Hand voll getrocknete Blüten gießen. 10 Minuten ziehen lassen, abseihen. Nach Belieben mit Honig süßen. Schluckweise trinken.

Johannisbeere

Johannisbeere

(Ribes)

Der Name Johannisbeere bezieht sich auf die Reifezeit der Früchte um den 24. Juni, den Namenstag von Johannes dem Täufer. Dieses Datum stimmt denn auch ziemlich genau für die holländische Züchtung «Jonkheer van Tets». Sie wurde 1941 im Markt eingeführt und ist noch heute beliebt.

Seitdem sind verschiedene Neuzüchtungen auf den Markt gekommen, die im Juli oder sogar erst ab Mitte August reifen. Für den Hausgarten besonders attraktiv sind Sorten mit einer langen Ernteperiode und solche, deren reife Beeren nicht gleich gepflückt werden müssen. So kann immer wieder eine Portion für den Frischverzehr gepflückt werden.

Vorsicht: Die roten Johannisbeeren müssen mit Vogelnetzen vor den naschfreudigen Amseln und anderen Vögeln geschützt werden! Cassisbeeren und weiße Johannisbeeren sind kaum gefährdet.

Eine Lanze für die Johannisbeeren

In vielen Hausgärten stehen überalterte Johannisbeersträucher. Kein Wunder, denn sie trotzen Frost und Umwelteinflüssen. Die Johannisbeeren wurden bereits im 16. Jahrhundert kultiviert. Für neue Sorten sprechen unterschiedliche Reifezeiten, üppigerer Behang und hervorragendes Fruchtaroma.

Ausgesprochen attraktiv sind Hochstämmchen, deren Beeren bequem aufrecht gepflückt werden können. Sie passen gut in ein Blumenbeet und können auch in einem Rondell im Zierrasen wachsen. Oder wie wär's mit zwei romantisch anmutenden Johannisbeerbäumchen, links und rechts vom Hauseingang?

Die Johannisbeeren sind leicht zu kultivieren und gedeihen überall. Je sonniger aber der Standort, um so süßer sind die erfrischend säuerlichen Beeren. Die Sträucher können auch als Hecke in einer Reihe gepflanzt werden. Dazu spannt man zwischen 2 stabile Eckpfosten 3 Drähte im Abstand von etwa einem halben Meter. Alle 90 Zentimeter einen Johannisbeerstrauch pflanzen, die Zweige an den Drähten aufbinden. Der heckenartige Anbau erleichtert die Pflückarbeit.

Es empfiehlt sich, verschiedene Sorten mit unterschiedlicher Reifezeit zu pflanzen – nebst den roten auch weiße mit ihren hübschen, fast transparenten Beeren sowie Cassisbeeren. Letztere können in der Backstube – frisch oder lose eingefroren – wie Weinbeeren verwendet werden.

Heilender Cassissaft

Die Blätter der Schwarzen Johannisbeeren (Ribes nigrum) haben einen intensiven Geruch. Deshalb werden sie auch «Wanzenbeeren» genannt. Mancherorts heißen sie «Gichtbeere». Die Erfahrung zeigt, dass Cassisbeeren und der daraus gewonnene Saft den Heilungsprozess bei Stoffwechselkrankheiten wie Gicht, Rheuma, Diabetes und Fettsucht unterstützen. Empfehlung: 3 Mal täglich $^1/_2$ bis 1 Glas Cassissaft zu den Mahlzeiten trinken.

Bei Rekonvaleszenz trinkt man zur Steigerung des Appetits 3 Mal täglich $^1/_2$ bis 1 Glas Cassissaft schluckweise vor den Mahlzeiten.

Wenn Ansteckungsgefahr für eine Erkältung oder Grippe besteht, den Johannisbeersaft als Heißgetränk trinken. Der hohe Anteil an Vitamin C (bis 200 mg je 100 Gramm Beeren) steigert die Abwehrkräfte.

So aromatisch – und so gesund!

Rote und schwarze Johannisbeeren verordneten schon die Ärzte des Mittelalters bei akuten Krankheiten der Verdauungsorgane. Mit 36 mg je 100 g ist der Vitamin-C-Gehalt in den roten Johannisbeeren zwar beachtlich, aber im Vergleich mit den schwarzen Johannisbeeren dennoch bescheiden.

Auch bei den anderen Inhaltsstoffen sind die schwarzen Beeren kaum zu übertreffen: 341 mg Kalium (rote 238 mg), 53 mg Calcium (rote 29 mg), 40 mg Phosphor (rote 27 mg) und 17 mg Magnesium (13 mg). Dazu kommen Natrium und Eisen und fast die ganze Vitamin-Palette.

Nach neuesten Erkenntnissen verbessern die Cassisbeeren das Sehvermögen in der Dunkelheit. Sie wirken positiv auf die Elastizität der Blutkapillaren, stärken den Herzmuskel und normalisieren den Blutdruck.

100 Gramm Cassisbeeren haben nur 54 kcal/226 kJ, rote Johannisbeeren 45 kcal/188 kJ. Diesen schlanken Genuss sollte man sich so oft wie möglich gönnen – zum Wohle der Gesundheit.

Jostabeere

Jostabeere

(Ribes nidigrolaria)

Mit der Jostabeere ist Dr. Bauer vom Max-Planck-Institut in Köln-Vogelsang ein großer Wurf gelungen. Es ist ihm gelungen, schwarze Johannisbeeren mit Stachelbeeren zu kreuzen. Der Wissenschaftler nannte seinen Zuchterfolg «Josta», eine Abkürzung von Johannisbeere (Jo) und Stachelbeere (Sta). Die ersten Josta-Stecklinge wurden 1975 in Deutschland und 1979 in der Schweiz freigegeben. Und danach dauert es selbstverständlich einige Jahre, bis genügend Jungpflanzen aufgezogen und für den Markt bereit sind.

Josta-Sorten

«Jogranda» hat besonders große Beeren, die ab Anfang Juli reifen. Der Strauch ist von eher schwachem Wuchs. Die Beeren der «Jostine» reifen ab Mitte Juli. Ein ausgewachsener Strauch trägt etwa sechs Kilogramm Beeren. Er wächst ziemlich ungestüm in die Breite und benötigt gut 2 m^2 Platz. Die neueste Sorte heißt «Jonova», mit ebenfalls hohem Ertrag und auserlesenem Geschmack.

Ideal für den Hausgarten

Jostasträucher vereinigen alle guten Eigenschaften der Eltern: Sie sind problemlos im Anbau, pflegeleicht, robust gegen Pilzkrankheiten und Schädlinge. Sie haben keine Stacheln und stellen keine Ansprüche an den Standort. Im Hobbygarten können sie leicht aus Stecklingen vermehrt werden. Obwohl sie selbstfruchtbar sind, fördert das Pflanzen von zwei verschiedenen Sorten den Ertrag wesentlich. Platzsparend und attraktiv sind Josta-Bäumchen!

Die schwarzroten Jostabeeren sind eine köstliche Mischung aus Cassisbeeren und Stachelbeeren – auch die Größe liegt etwa in der Mitte. Bei den gesundheitsrelevanten Inhaltsstoffen haben sie von beiden Eltern profitiert. Zudem reifen die Beeren gestaffelt: Während Wochen können sie immer wieder gepflückt werden. Verwenden lassen sich die Jostabeeren für Saft, Sirup, Kompott, Gelee, Konfitüre oder Chutney.

Kiwi

Kiwi

(Actinidia chinensis)

Ursprünglich stammen die Kiwis aus China; sie tragen die Bezeichnung «Chinesische Stachelbeere». Als zu Beginn des 20. Jahrhunderts Samen von China nach Neuseeland gelangten, begann der Siegeszug rund um die Welt. Die Neuseeländer selektionierten großfruchtige, äußerst schmackhafte Sorten (Acitinida deliciosa), die sich zudem gut für den Transport eignen.

Im Jahre 1940 entstanden in Neuseeland die ersten Plantagen. Damit sich die bis dahin als «Chinese Gooseberry» bekannte Frucht besser vermarkten ließ, taufte sie ein cleverer amerikanischer Importeur kurzerhand in «Kiwi» um, den Namen eines in Neuseeland beheimateten Laufvogels.

Aus den rund 30 bekannten Arten der Chinesischen Stachelbeere sind inzwischen zahlreiche Sorten entstanden. In Weinbaugebieten und geschützt an Hausfassaden gedeihen sie problemlos auch in unseren Breitengraden.

Mit wenigen Ausnahmen sind die Kiwis zweihäusig, d. h. es gibt männliche und weibliche Pflanzen. Für die Bestäubung von 6 bis 8 weiblichen Pflanzen reicht eine männliche Pflanze. Ab 5./6. Vegetationsjahr können je Pflanze 30 Kilogramm Früchte geerntet werden, und zwar im Oktober. Man pflückt die Kiwis von Hand oder schneidet sie mit einer Schere ab.

Trick für schnelle Reife

Wegen des Transports kommen Kiwis meist hartfruchtig in den Handel. Sie entfalten ihr volles Aroma aber erst, wenn die Schale auf leichten Fingerdruck nachgibt. Dazu müssen die meist leicht behaarten braunschaligen Früchte bei Zimmertemperatur gelagert werden.

Beschleunigen kann man den Reifeprozess mit einem Apfel, den man zusammen mit ein paar Kiwis in einen dichten Plastikbeutel legt und diesen mit einer Wäscheklammer möglichst luftdicht verschließt. Der Apfel gibt Äthylengas ab, das die Kiwis innerhalb von wenigen Tagen reifen lässt. Im kühlen Keller oder im Gemüsefach des Kühlschranks könnnen die Kiwis während mehrerer Wochen aufbewahrt werden.

Fitnesspaket und Zartmacher

Die erfrischend mild-säuerlichen Kiwis sind wahre Fitness-Pakete: 100 Gramm enthalten rund 150 Milligramm Vitamin C. Zwei mittelgroße Früchte decken problemlos den empfohlenen Tagesbedarf eines Erwachsenen (100 mg Vitamin C). Die Kiwis enthalten aber auch reichlich Kalium (260 mg je 100 Gramm), zudem Kalzium, Magnesium und Phosphor. Mit nur 40 kcal je 100 Gramm essbarem Anteil sind die Kiwis auch schlankwegs ausgesprochen gesund. Zum Verzehr schält man die Früchte und schneidet sie in Scheiben. Oder man halbiert sie und löffelt das smaragdgrüne Fruchtfleisch samt den winzigen schwarzen Kernchen aus der Fruchtschale. Das Aroma ist eine exotische Mischung aus Melonen, Stachelbeeren, Bananen und Weintrauben.

Kiwis machen Fleisch zart: Sie enthalten ein eiweißspaltendes Enzym, das Actinidin. Weniger zarte Fleischstücke vor dem Braten mit einer frischen Kiwihälfte einreiben und den Saft vor der Zubereitung einige Minuten einwirken lassen. Zusammen mit Milchprodukten entwickelt das Actinidin Bitterstoffe. Deshalb sind Kiwis im Birchermüesli oder in der Kombiniation mit Rahm/süßer Sahne fehl am Platz. Bei der industriellen Herstellung von Jogurt werden die Früchte zuerst blanchiert, um die Wirkung des eiweißspaltenden Enzyms abzubauen.

Attraktive und robuste Schlingpflanze

Abgesehen vom gesundheitlichen Wert und dem köstlichen Geschmack spricht auch die Pflanze für den Anbau im Hobbygarten: Der attraktive, im Gegenuhrzeigersinn links windende Schlinger ist weder auf Schädlinge noch Krankheiten anfällig. Mit seinen handgroßen und sattgrünen Blättern beschattet die Schlingpflanze im Sommer mit ihrem ungestümen Wuchs Pergolen oder auch öde Hausfassaden und Autounterstände. Sie erreicht spielend eine Höhe bis zu 5 Meter und wächst auch kräftig in die Breite.

Im Mai und Juni öffnen sich die weißen, duftenden Blüten. Die Kiwis sitzen an den Verzweigungen, die jeweils beim Schnitt der Triebe entstehen. Zudem werden die Früchte größer, wenn die Pflanze nicht zuviel überflüssiges Blattwerk ernähren muss. Im August, wenn die Kiwis gut baumnuss-/walnussgroß sind, schneidet man den Zweig sechs Blätter oberhalb der Früchte ab. Bei der männlichen Pflanze reicht ein kräftig ausgebildeter Trieb, alle anderen können bei Platzmangel eingekürzt werden.

Kiwis in verschiedenen Varianten

Die aparten Früchte aus neuseeländischen Züchtungen haben inzwischen Zuwachs erhalten. Bei den großfruchtigen Kiwis macht seit kurzem eine gelbfleischige Sorte Furore: Sie wird als Kiwigold oder Goldkiwi vermarktet. Ihre Schale ist nur leicht behaart, ihr leuchtend gelbes Fruchtfleisch von delikatem, etwas süßlicherem Geschmack als das der bekannten grünfleischigen Sorten.

Dazu gesellen sich in jüngster Zeit immer mehr kleinfruchtige Kiwis mit der botanischen Bezeichnung «Actinidia arguta». Sie können mit Schale gegessen werden. Die Sorte «Maki» hat rote, 3 bis 4 cm große Früchte, «Ambrosia» hat grüne Früchte. «Issai» trägt 2 bis 3 cm kleine grüne Früchte, die unbehaart und glattschalig sind. Die Früchte sind aromatisch und süß. Erntezeit ist im Oktober. Sie können ohne Lagerung direkt von der Pflanze gegessen werden.

Neu auf dem Markt ist «Kiwino», ein von der Eidgenössischen Forschungsanstalt Wädenswil (FAW) am Zürichsee selektionierter Sämling. Die Früchte sind 3 bis 4 cm lang, grün und unbehaart. Sie werden mit der Schale gegessen und haben ein ausgeprägtes Kiwiaroma.

Kiwis im Hausgarten

Beste Pflanzzeit ist ab Mitte April bis spätestens im September, damit die Kiwis noch vor dem Wintereinbruch gut anwachsen können. Man pflanzt sie an einen möglichst geschützten Platz in humose Erde ohne Staunässe. Zwischen den weiblichen Pflanzen einen Abstand von gut drei Metern einhalten, für die männlichen ein bis zwei Mete Abstand.

Bei wenig Platz wählt man selbstfruchtbare Sorten wie «Jenny» (großfruchtig) oder die Minikiwi «Issai». Pflanze gleich tief in die Erde pflanzen, wie sie in der Baumschule gewachsen ist. Gut gießen und die Erde mit einer Mulchschicht aus halbverrottetem Kompost abdecken.

Als Kletterhilfe eignen sich ein Holzspalier oder gespannte Drähte, der unterste rund einen halben Meter über dem Boden. Wenn sich die Blüten öffnen, benötigt die Pflanze reichlich Wasser und Nährstoffe in Form von Kompost oder eines organischen Volldüngers.

Nach dem Blattfall im Winter wird der sogenannte Erziehungsschnitt gemacht: Die Pflanze so schneiden, dass sie ein gutes Spalier bildet. Die Seitenarme an die gespannten Drähte binden, welche die Kiwi als Kletterhilfe benötigt und selbst umschlingt.

Mahonie

Mahonie

(Mahonia aquifolium)

Die Mahonie ist ein Sauerdorngewächs wie die Berberitze und stammt aus dem Westen der USA. Sie hat ihren Namen zu Ehren des amerikanischen Botanikers Bernhard MacMahon (1775–1816) erhalten. Im Jahre 1823 wurde der Strauch in Italien eingeführt; und er ist inzwischen in großen Teilen Europas in Garten- und Parkanlagen weit verbreitet.

Kein Wunder: Mahonien nehmen mit jedem Standort vorliebe. Selbst städtische Verhältnisse mit Auto- und Industrieabgasen können ihnen nichts anhaben. Zudem sind sie das ganze Jahr ein ausgesprochen attraktives Ziergehölz. Im Winter, wenn die meisten Bäume und Sträucher kahl sind, strotzen Mahonien mit gut fünf Zentimeter langen, lederartigen Blättern in sattem Grün. Mit einer Schneehaube – oder auch mit Raureif überpudert, der in der milden Wintersonne glitzert – ist sie eine überaus märchenhafte Erscheinung.

Der Strauch wird knapp einen Meter hoch. Er lässt sich gut in Form schneiden. Als Kübelpflanze präsentiert er sich auf dem Dachgarten. Für Balkon und Sitzplatz ist er jedoch kaum geeignet, weil die Blätter mit wehrhaften Stacheln bestückt sind. Also Vorsicht: Die Stacheln hinterlassen auf der Haut schmerzhafte Spuren und die Beeren können beim Pflücken ins Auge gehen!

Blüten und Beerenschmuck

Im April und Mai thronen leuchtend gelbe, duftende Blüten, zu aufrechten Trauben angeordnet, über dem Blattwerk. Für die Bienen sind sie als Frühblüher begehrte und wichtige Nektarquelle. Die anfänglich grünen kugeligen Beeren sind etwa so groß wie Heidelbeeren. Bei Reife sind Mahonienbeeren dunkelblau bereift und schmücken den Zierstrauch ab August bis Dezember oder Januar, wenn sie nicht früher von den Vögeln geholt werden.

Man sollte nur gut ausgereifte Mahonienbeeren pflücken. Der hohe Vitamin-C-Gehalt macht sie ausgesprochen sauer. Der Fruchtsaft ist stark karminrot gefärbt. Im Ursprungsgebiet Nordamerika nutzt man ihn traditionell zum Färben von Obstsaft, Likör, Wein und Branntwein. Er wird als Ersatz für Zitronensaft verwendet, sei es für Backwaren oder als Aromaverstärker im Apfelkompott.

Mahoniensaft kann zu einem erfrischend säuerlichen Gelee eingekocht werden. In Kombination mit Quitten- oder Birnensaft bekommt es eine interessante Geschmacksnuance. Mahonienbeeren lassen sich wie Sauerdornbeeren (Berberitze) zu Sirup, Kompott und Konfitüre verarbeiten.

Maibeere

Maibeere

(Lonicera kamtschatica)

Sie ist bei uns ganz neu auf dem Markt und stammt aus Russland und China: Maibeere heißt das Gehölz aus der Familie der Geißblattgewächse (Lonicera), weil die Beeren bereits im Mai reifen. Damit eröffnen sie die Beerensaison, noch bevor die einheimischen Erdbeeren aus Freilandkulturen auf den Markt kommen.

Karriere hat die Maibeere schon längst gemacht, und zwar in Osteuropa. Dort schätzt man die in Aroma und Geschmack ihre der Kultur-Heidelbeere ähnlichen,aber länglichen Früchtchen seit vielen Generationen. Außer dem sehr frühen Erntetermin haben Maibeeren den großen Vorteil, dass sie in normaler Gartenerde gedeihen. Somit sind sie im Anbau eine gute Alternative zu den Heidelbeeren, die nicht ohne Moorbeeterde auskommen.

Die Maibeeren bevorzugen einen nicht zu sonnigen Standort und einen feuchten Boden. Die Sträucher erreichen eine Höhe von etwa 1,5 Metern. Der Maibeerstrauch ist ausgesprochen robust, selbst sibirische Temperaturen von minus 45 °C soll er überstehen. Und gegen Krankheiten und Schädlingsbefall ist er weitgehend resistent. Der Strauch ist somit ideal für den Hausgarten und den biologischen Anbau.

Blüten zum Frühjahrsbeginn
Während der ersten milden Frühlingstage im Monat März erwacht der Strauch aus dem Winterschlaf und beginnt auszutreiben. Zuerst erscheinen gelbe, hängende Blütenglöckchen, später Blätter. In frostigen Nächten erfrieren in unseren Breitengraden so manche früh blühenden Obstsorten. Nicht so die Maibeerenblüten: es wird ihnen eine Frosthärte bis zu minus 8 °C attestiert.

Ab Mai können die länglichen Beeren, die in Grüppchen an den Zweigen sitzen, gepflückt werden. Sie enthalten nicht nur reichlich Vitamin C, sondern auch solche der B-Gruppe. Man genießt Maibeeren frisch vom Strauch oder kann sie wie Heidelbeeren zubereiten.

Tschechische Züchter haben Maibeersträucher selektioniert und die Sorten «Maistar» und «Mailon» unter Sortenschutz gestellt. Das heißt, dass sie nicht für die professionelle Vermehrung genutzt werden dürfen. Die beiden unterscheiden sich nur darin, dass «Maistar» ein paar Tage früher reift als «Mailon». Aber sie sind gleichwohl ein ideales Gespann, weil sie sich gegenseitig befruchten, was den Ertrag steigert.

Preiselbeere

Preiselbeere

(Vaccinium Vitis-idaea)

Spätestens im Herbst schlägt die kulinarische Stunde der Preiselbeeren. Denn zu Wildgerichten sind sie unverzichtbar. Als süßsaure Sauce oder zu Kompott gekocht, schmecken sie auch hervorragend zu Geflügel und gegrilltem Fleisch oder Fisch. Frisch vom Strauch sind Preiselbeeren ausgesprochen herb und alles andere als eine Delikatesse. Sogar die Vögel verschmähen die leuchtend scharlachroten Früchte. Ihr köstliches Aroma entfalten sie erst durch das Kochen und in Verbindung mit Zucker.

Preiselbeeren wachsen wild an lichten Orten in Nadelwäldern Europas und in Hochmooren. Ihr bevorzugter Standort sind saure und nährstoffarme Lehmböden. Die immergrünen Zwergsträucher werden selten größer als 30 Zentimeter. Im Mai – und ein zweites Mal im Juli – entfalten sich weiße, mit Rot überhauchte Blütenglöckchen, die in Trauben an den Triebenden sitzen. Aus der Frühjahrsblüte entwickeln sich nur wenige Beeren. Interessant für die Ernte sind diejenigen der Sommerblüte, die im August und September reifen.

Beim Sammeln nicht verwechseln

Die Preiselbeeren werden leicht mit den Beeren der Bärentraube (Arctostaphylos uva-ursi) verwechselt. Diese sind zwar nicht giftig, aber unangenehm im Geschmack.

Ein Unterscheidungsmerkmal sind die Blätter: Diejenigen der Preiselbeeren haben auf der Unterseite braune Pünktchen und zudem einen leicht eingerollten Rand. Die Blätter der Bärentraube weisen auf der Unterseite eine vertiefte Netzaderung auf, aber keine Pünktchen. Preiselbeeren sind kugelrund und saftig, Bärentraubenbeeren hingegen abgeflacht, trocken und mehlig.

Ernte von Balkon und Garten

Es lohnt sich, Preiselbeeren im Garten anzubauen. Voraussetzung ist saurer Boden (pH-Wert 4 bis 5), also ein Moorbeet, wo sie zu Füßen von Rhododendren, Azaleen und Kulturheidelbeeren gedeihen oder im Heidegarten als Bodendecker Unkraut unterdrücken und die Erde vor dem Austrocknen schützen.

In Baumschulen und Gartencentern gibt es Kulturpflanzen mit üppigem Behang und besonders großen Beeren. Je Quadratmeter gut eingewurzelten Strauch kann man mit rund 2 Kilogramm Beeren rechnen.

Gepflanzt wird im Frühjahr oder im Herbst an einen sonnigen bis halbschattigen Ort. Zwischen den Sträuchern einen Abstand von 30 Zentimetern einhalten. Die Preiselbeeren bilden Ausläufer. Wenn ihnen der Boden und der Standort zusagen, bilden sie bald einen dichten Teppich. Sie sind winterhart und ertragen Temperaturen bis -18 °C.

Die immergrünen Sträuchlein sind eine ganzjährige Zier und schmücken in Töpfen oder Kistchen den Balkon oder Hauseingang. Man pflanzt sie in Gefäße mit Wasserabzugslöchern in Moorbeeterde. Bei Trockenheit fleißig gießen.

Karriere in der modernen Medizin

Die Preiselbeeren sind reich an Vitamin C, mehreren organischen Säuren und Gerbstoffen und enthalten etwas Provitamin A. In der Naturheilkunde werden nicht nur die Beeren, sondern auch die stark gerbsäurehaltigen Blätter genutzt. Dass Preiselbeersaft bei Blasenleiden hilft, haben in jüngster Zeit mehrere klinische Studien bewiesen.

Bei einer akuten Harnwegentzündung wird zur Unterstützung der ärztlichen Behandlung 3 Mal täglich 1 dl/100 ml Preiselbeersaft oder Preiselbeernektar empfohlen. Zur Vorbeugung, auch bei Harninkontinenz (Blasenschwäche), täglich 1 dl/100 ml Preiselbeersaft vor dem Schlafengehen trinken.

Sanddorn

Sanddorn

(Hippophaë rhamnoides)

Der Sanddorn ist ein eigenwilliges und sparriges Ölweidengewächs. Er trotzt selbst sibirischer Kälte und klammert sich in den Alpen mit seinen tiefgründigen, weit verzweigten Wurzeln an sonnige, trockene Hänge. Karger, magerer Boden ist dem Sanddorn gerade recht, denn bezüglich Stickstoff ist er Selbstversorger. Ähnlich wie die Schmetterlingsblütler Bohne, Erbse, Wicke, Lupine oder Klee bindet er Stickstoff aus der Luft und lagert ihn in den Wurzelknöllchen ein. Nach der organischen Umwandlung steht er nicht nur ihm, sondern auch anderen Pflanzen als Düngerquelle zur Verfügung.

Ein beerenstarkes Gehölz

Im Herbst schmückt sich der dornige Strauch mit den schmalen silbergrauen Blättern mit leuchtend orangen Beeren. Und die haben es in sich: Sanddorn ist – nach Hagebutte – die größte natürliche Vitamin-C-Quelle! Mit 450 mg je 100 Gramm Beeren stellt der Sanddorn selbst die Zitrone (53 mg) in den Schatten. Wissenschaftler haben in Beeren an sonnenexponierter Lage bis 700 mg Vitamin C nachgewiesen.

Sanddornbeeren sind reich an Provitamin A und Vitaminen der B-Gruppe sowie Niacin, das als gute Nervenstärkung gilt. Mit anderen Worten: die Beeren sind ein natürliches Multivitamin-Paket in idealer Zusammensetzung, für Fitness und Gesundheit.

Heilkräftiger Sanddornsaft

Ein Esslöffel Sanddornsaft vor jeder Mahlzeit stärkt nicht nur die körpereigenen Abwehrkräfte, sondern hilft auch bei Grippe, Erkältung und Appetitlosigkeit.

Bei Infektionen, Fieber oder allgemeiner Schwäche den Sanddornsaft mit heißem Wasser verdünnen und mit Honig süßen. Den Saft keinesfalls erhitzen, das würde einen Teil des Vitamins C zerstören.

Sanddorn wird aufgrund seiner idealen Wirkstoffkombination für alle rheumatischen und allergischen Leiden empfohlen. Er hilft bei Vitamin-C-Mangel, der sich durch Frühjahrsmüdigkeit und Abgespanntheit bemerkbar macht. Der Beerensaft schmeckt auch als Sirup oder Gelee.

Sanddorn im Hausgarten

Für die Hangbefestigung ist der Sanddorn geradezu prädestiniert. Im Ziergarten muss man hingegen mit weitreichenden Wurzelausläufern rechnen. Ausnahme ist die Sorte «Dorana», ein schwachwüchsiger weiblicher Strauch. Die Pflanze ist zweihäusig: ohne männlichen Partner gibt es keine Beeren. Also zum Beispiel die männliche Pflanze «Pollmix» in die Nähe einer oder mehrerer weiblicher Pflanzen setzen.

Wer Wert auf einen großen Fruchtertrag legt, lässt sich am besten in der Baumschule beraten. Bei der Sorte «Frugana» ist die Ernte weniger mühsam als bei anderen Sorten. Doch Handschuhe und alte Kleider sind in jedem Fall Pflicht, denn die Dornen sind nicht zu unterschätzen. Zudem gibt der Sanddornsaft einen intensiv orangen Farbstoff ab.

Tipps für die erfolgreiche Ernte

Sanddornbeeren reifen im August und werden bis in den Oktober gepflückt. Durch Zusammendrücken sowie Verdrehen mehrerer Zweige kann man den Saft direkt ab Strauch gewinnen und in einer Schale auffangen und anschließend durch ein Sieb passieren und so die groben Teile entfernen. Man kann die reich behangenen Äste abschneiden und sie in einen Folienbeutel packen und eingefrieren. Gefroren lassen sich die Beeren mit ein paar Schlägen auf eine Unterlage mühelos von den Zweigen abklopfen.

Stachelbeere

Stachelbeere

(Ribes grossularia)

Die Briten waren früher große Fans der Stachelbeere. Erstmals erwähnt wurde das Steinbrechgewächs anno 1276 auf einer Einkaufsliste für den Garten von König Edward I (1239–1307). Die stark behaarten Beeren waren während Jahrtausenden praktisch nur in England populär.

Dank dem ausgeprägten, erfrischend säuerlichen Aroma und der Fruchtqualität ist die «Rote Triumph» im Erwerbsanbau auch heute noch weit verbreitet. Selektioniert hat sie der Brite R. Winham in Morbeth um das Jahr 1835 (!). Die Beere kam unter dem Namen «Winham's Industry» in den Handel; sie wird seit 1885 erfolgreich kultiviert.

Robuste Sorten liegen voll im Trend

Natürlich ist die «Rote Triumph» inzwischen in die Jahre gekommen und leider anfällig für Mehltau. Die gefürchtete Pilzkrankheit überzieht Blätter, Triebe und Beeren mit einem mehligen Belag und bringt sie zum Absterben. Zur Vorbeugung den Strauch an einen luftigen Ort setzen, damit er nach einem Regenguss möglichst schnell abtrocknen kann, denn Feuchtigkeit begünstigt den Mehltau.

Bäumchen sind weit weniger gefährdet als Sträucher. Sie erleichtern zudem das Pflücken und die Pflege, weil die dornigen Zweige auf einem 80 Zentimeter hohen Stämmchen überhängend auf der Krone thronen.

Was die Suche nach robusten Sorten betrifft – primär für den biologischen Anbau und den Hausgarten –, ist in den letzten Jahren Bewegung in den Stachelbeermarkt gekommen. Bei neuen Züchtungen wollte man die Stacheln möglichst eliminieren, um die Pflege der Sträucher soiwe das Pflücken der Beeren zu erleichtern.

Stachelbeeren ohne Dornen

Eine praktisch dornenlose Sorte ist die aus Kanada stammende «Captivator» mit ihren mittelgroßen dunkelroten Früchten von sehr gutem Geschmack. Sie ist auch widerstandsfähiger gegen Mehltau. Diese Eigenschaften nutzte der britische Wissenschaftler Dr. E. Keep und kreuzte die Sorten «Captivator» und «Rote Triumph». Entstanden ist die Neuzüchtung «Pax».

Die Sorte «Pax» wird seit 1994 angebaut und vereint die Qualitäten der Eltern: Sie ist resistent gegen Mehltau, hat praktisch keine Dornen und erfreut mit ihrem üppigen Behang und den großen und etwa 11 Gramm schweren dunkelroten Beeren mit hellrotem Fruchtfleisch. Die Freude über so viele Vorzüge schmälert allerdings die starke Behaarung. «Pax» ist deshalb weniger für den Frischkonsum geeignet, sondern in erster Linie für die Verarbeitung zu Sirup, Gelee und Konfitüre.

Speziell für den Hausgarten gibt es verschiedene relativ neue robuste Züchtungen als Strauch oder Hochstämmchen. Darunter sind auch welche mit glattschaligen, also unbehaarten Beeren. Zum Beispiel die dunkelrote «Rokula», die frisch vom Strauch sehr aromatisch schmeckt, oder «Easycrisp», eine fast dornenlose Züchtung mit goldgelben, glattschaligen Beeren, die knackig-saftig und süß im Aroma sind.

Wochenlange Erntefreuden

Je nach Sorte und Klima reifen Stachelbeeren ab Anfang Juli bis in den August. Im Hausgarten sollten sie immer wieder einmal durchgepflückt werden. So haben Nachzügler genügend Platz und können in Ruhe nachreifen, zudem verhindert man auf diese Weise, dass überreife Beeren beim ersten Regenguss aufplatzen und die Wespen in Scharen anlocken.

Stachelbeeren sind wahre Jungbrunnen: Die Früchte reinigen Blut und Darm, wirken leicht abführend, harntreibend und ausschwemmend. Ihr ausgewogener Gehalt an Eisen, Phosphor, Calcium und Natrium regt die Neubildung des Blutes an, zumal auch das dazu notwendige Vitamin C reichlich vorhanden ist.

Tipp

- Fliege und Stielansatz von Stachelbeeren lassen sich am besten mit einer kleinen Schere abschneiden.

Tayberry

Taybeere – Loganbeere

(Rubus loganobaccus)

Da Brombeeren und Himbeeren eng verwandt sind, lassen sie sich auch relativ leicht kreuzen. Nachkommen einer solchen Verbindung sind unter anderem die Taybeere, auch unter dem Namen «Tayberry» bekannt, sowie die Loganbeere.

Mit ihren bis zu vier Zentimeter langen und kegelförmigen purpurroten Früchten ist die Taybeere eine imposante Erscheinung. Sie sieht Himbeeren sehr ähnlich, aber ihr fehlt leider das typische Aroma. Beim Pflücken bleibt der Kelchzapfen wie bei der Brombeere in der Frucht.

Tayberry ist aus der Kreuzung der Brombeersorte «Aurora» und einer schottischen Himbeersorte hervorgegangen. Gezüchtet wurde sie im Jahre 1977 in Schottland. Die Früchte reifen im Juli und im August; sie können direkt vom Strauch gegessen werden. Das säurebetonte Aroma ist leider nicht jedermanns Sache. Als Konfitüre, Gelee oder Sirup schmeicheln Tayberries aber dennoch dem Gaumen – und verwöhnen das Auge mit einer kräftigen dunkelroten Farbe.

Taybeeren entwickeln bis zu vier Meter lange, stark bedornte Ranken. Sie reagieren empfindlich auf starken Frost und gedeihen bevorzugt in einem milden Weinbauklima. Ideal ist ein sonniger, geschützter Platz, etwa an einem Spalier an der Hauswand. Die Ranken müssen an Drähten aufgebunden werden. Im Frühjahr schneidet man die Ruten, welche Früchte getragen haben, zurück und entfernt überzählige Jungtriebe.

Loganbeeren für Liebhaber

Wie Tayberries sind auch Loganbeeren eine Liebhaberbeere, die zum Ausreifen viel Wärme und einen langen Sommer braucht. Sie stammt aus dem Westen der Vereinigten Staaten, aus Kalifornien, wo sie im Jahre 1881 von einem Mr. Logan aus den Samen einer Brombeere gezogen worden ist, welche ihren Platz neben einer Himbeerstaude hatte.

Loganbeeren sind eine Kreuzung aus Himbeeren und Brombeeren – vielleicht aber auch eine spontane Mutation der Brombeere in Mr. Logans Garten. Im Wuchs gleichen sie jedenfalls der Brombeere. Die Triebe sind jedoch ziemlich dünn und dicht mit feinen Stacheln besetzt. Loganbeeren sehen aus wie Himbeeren, sind allerdings etwas größer und länglicher und eher sauer. In Amerika haben die Beeren eine wirtschaftliche Bedeutung: Sie werden zu Saft, Gelee und Konfitüre verarbeitet.

Bei uns ist der Ertrag eher bescheiden, in einem verregneten Sommer sogar enttäuschend. Deshalb sind Loganbeeren für Produzenten unrentabel. Im Hausgarten und an Orten mit mildem Klima haben sie aber durchaus Liebhaber gefunden.

Vogelbeere

Vogelbeere

(Sorbus aucuparia)

Ihr Name ist Programm: Im Herbst laden leuchtend orange bis scharlachrote Beeren Scharen von Amseln und Staren zum Festschmaus. Die Bezeichnung «Eberesche» hat nichts mit Eber, dem männlichen Schwein, zu tun, sondern geht auf das keltische Wort «eburos», für Eibe, zurück. Die keltischen Druiden waren überzeugt, dass die Eberesche magische Kräfte besitzt. Sie pflanzten die imposanten Bäume rund um ihre Kultstätten.

In der Küche und in der Heilkunde wurden Vogelbeeren seit jeher genutzt. In einem Kochbuch aus dem 4. Jahrhundert gibt es bereits entsprechende Anleitung. Ebereschen hat man früher in jeden Klostergarten gepflanzt. Auch Hildegard von Bingen (1098-1179) erwähnt die Heilkraft der Beeren in ihren Schriften.

Gegen Durchfall und als Kaffee-Ersatz

Im Mittelalter verordneten Heilkundige getrocknete Vogelbeeren gegen Cholera. Dass sie wirksam gegen Durchfall sind, bestätigen auch wissenschaftliche Studien aus jüngerer Zeit. Zum Trocknen werden die schirmförmigen Doldenrispen im Herbst geschnitten, an der Sonne ausgebreitet und eventuell im Backofen bei schwacher Temperatur nachgetrocknet. Bei Durchfall zerkaut man jeweils morgens 10 bis 12 getrocknete Beeren.

Erstaunlicherweise enthalten getrocknete Beeren nach einigen Monaten Lagerung noch immer eine beachtliche Menge Vitamin C. Vogelbeeren können als Rosinenersatz verwendet werden. Als Kaffee-Ersatz sollen geröstete Vogelbeeren bedeutend besser schmecken als Zichorienwurzeln.

Karriere als Konservierungsmittel

Die Vogelbeere, botanisch «Sorbus», enthält Sorbinsäure, die als Konservierungsstoff für Lebensmittel Karriere macht. Dies erklärt die lange Haltbarkeit von frischen und getrockneten Beeren. Früchte der Gemeinen Eberesche (Sorbus aucuparia) enthalten zudem reichlich Bitterstoffe, die durch Frost, also auch Tiefkühlung, abgebaut werden.

Bewährt hat sich das Blanchieren der Beeren in sprudelnd kochendem Wasser während einer Minute. Oder man legt sie vor der Verarbeitung für 12 bis 24 Stunden in Wasser, dem etwas neutraler Essig beigefügt wird. Dann unter fließendem Wasser gut spülen.

Die edle Eberesche aus Mähren

Im Jahre 1810 entdeckte man im deutschen Altvatergebirge bei Spornhau die Mährische Eberesche (Sorbus aucuparia var. edulis, Synonym moravica). Ihre kugeligen Beeren sind mit einem Zentimeter Umfang nicht nur größer, sondern sie enthalten auch keine Bitterstoffe.

Die Beeren der Edel-Eberesche werden industriell zu Konzentrat, Saft, Sirup, Schnaps, Likör, Gelee und Kompott verarbeitet. Der Vitamin-C-Gehalt ist mit 100 Milligramm je 100 Gramm frische Beeren doppelt so hoch wie derjenige der Gemeinen Eberesche. Bemerkenswert ist der hohe Gehalt an Vitamin A: 100 Gramm frische Beeren enthalten rund 400 Mikrogramm Karotin.

Attraktiver und robuster Hausbaum

Ob Mährische oder Gemeine Eberesche: Beide sind imposante, einheimische und anspruchslose Rosengewächse. Die Bäume wachsen nur sehr langsam, sie können aber acht bis zehn Meter hoch werden. Mit dem attraktiv gefiederten Laub bilden sie eine locker aufgebaute, weit ausladende Krone. Im Herbst verfärben sich die Blätter in ein leuchtendes Goldgelb.

Im Mai und im Juni öffnen sich die weißen Doldenblüten, die einen eigenartigen Duft verströmen und die Bienen in Scharen anlocken. Die späteren Früchte, die Vogelbeeren, bleiben bis tief in den Winter am Baum hängen – sofern sie die Vögel nicht vorher holen.

Der Vogelbeerbaum gedeiht auch in unwirtlichen Gegenden mit rauem Bergklima auf magerem und trockenem Boden. Mit seiner Anpassungsfähigkeit ist er zum Symbol für Gesundheit, Kraft und Widerstandsfähigkeit geworden. Man pflanzt ihn sogar als Schutz gegen Lawinen. Er trotzt zudem auch Temperaturen von bis minus 30 °C.

Die Mährische Eberesche bevorzugt hingegen einen humosen und feuchten Boden mit eher saurer Erde (pH-Wert zwischen 5 und 6). In den Baumschulen und Gartencentern sind verschiedene Sorten erhältlich, auch solche, die auf Quittenstämmchen veredelt sind und ausgesprochen langsam wachsen.

Weintraube

Weintraube

(Vitis vinifera)

Die Rebe ist eine der ältesten Kulturpflanzen und weltweit die am häufigsten angebaute Frucht. In der Bibel ist überliefert, dass bereits Noah einen Weinberg pflanzte und pflegte. In Palästina, Syrien und in der Ägäis genoss der Rebbau während Jahrtausenden hohes Ansehen. Bis ins Jahr 3500 v. Chr. nachweisen lässt sich die Traubenkultur der Ägypter. Als Wegzehrung für die Reise ins Jenseits hatten die Ägypter den Verstorbenen Rosinen mit ins Grab gegeben.

Die alten Ägypter waren bereits der Weinkelterung kundig. Attraktive Wandmalereien und in Stein gemeißelte Reliefs illustrieren sämtliche Stationen vom Pflanzen der Reben über die Ernte bis zum Pressen der Trauben und dem Abfüllen des Saftes in Fässer und Amphoren.

Die alten Griechen huldigten Dionysos, dem Sohn von Zeus und Semele, als Gott des Weines und der Fruchtbarkeit. Aus den berauschenden Festen zu seinen Ehren entstanden die Komödien und Tragödien der griechischen Antike. Auch die Römer frönten dem Weingott; bei ihnen hieß er Bacchus.

Auf ihren Eroberungsfeldzügen und in den von ihnen besetzten Gebieten mochten weder die Griechen noch die Römer auf den Rebensaft verzichten.
So verbreiteten sie den Weinanbau in weiten Teilen Europas in klimatisch geeigneten Regionen. Denn Weintrauben sind Kinder des Südens: Je sonniger die Lage, um so süßer ihr Aroma und um so gehaltvoller der Wein.

Kraftstrotzende Weinstöcke
Wesentlichen Einfluss auf die Qualität und die Eigenschaft der Trauben und damit auch auf den Wein haben nicht nur die klimatischen Bedingungen, sondern auch der Standort und die Bodenbeschaffenheit. So entstanden in der tausendjährigen Kultur unzählige verschiedene Rebsorten und immer wieder auch neue Züchtungen.

Die Weinstöcke erreichen das stattliche Alter von 50 Jahren und mehr. Die Wurzeln verankern sie gut und gerne sechs bis acht Meter tief in der Erde. Sie holen so Feuchtigkeit aus dem Grundwasser. Lässt man die vitale Pflanze ohne zähmenden Schnitt wachsen, dann erreichen die Triebe in nur einem Jahr spielend eine Länge von fast 10 Metern.

Die winzigen Blüten der ursprünglichen Wildpflanze waren auf Fremdbestäubung angewiesen. Kultivierte Reben haben hingegen zwittrige Einzelblüten und sind auf Selbstbestäubung eingestellt. Je nach Sorte enthalten die Beeren mehr oder weniger birnenförmige Kerne. Vereinzelt gibt es inzwischen auch kernlose Weintrauben im Angebot.

Eine geballte Ladung Gesundheit

Weintrauben werden von Heilkundigen seit Urzeiten für die Volksgesundheit empfohlen – diese Ansicht teilen auch heutige Ernährungswissenschaftler.
Die Beeren enthalten reichlich Traubenzucker (Glukose), welcher den Organismus mit Energie versorgt. Dazu kommt etwa gleich viel Fruchtzucker (Fruktose), der nur langsam verbrannt wird und entsprechend länger als Energielieferant zur Verfügung steht.

Die unterschiedliche Färbung der Beeren beruht auf pflanzlichen Farbstoffen: Rote oder blaue Trauben enthalten Anthozyan, hauptsächlich in der Aussenhaut, gelbe und grüne Beeren hingegen Chlorophyll, also Blattgrün. Diese pflanzlichen Stoffe (Flavonoide) unterstützen den menschlichen Körper bei der Abwehr von Bakterien und Viren. Weintraubenbeeren enthalten zudem praktisch die ganze Palette an Vitaminen und Mineralstoffen. Sie werden wegen ihren «blutreinigenden» und entschlackenden Eigenschaften geschätzt.

Vielseitige Rosinen

In etwa die gleichen Inhaltsstoffe enthalten auch die Rosinen. Der Sammelbegriff umfasst drei Arten luftgetrockneter Traubenbeeren:

Korinthen: Kleine, kernlose dunkelblaue Weintraubenbeeren der Rebsorte Vitis minuta, ursprünglich aus der Region der griechischen Hafenstadt Korinth. Hauptproduktionsländer sind immer noch Griechenland und die Türkei.

Sultaninen: Getrocknete Beeren der Sultans-Traube. Großfruchtig, kernlos und bernsteinfarben.

Weinbeeren: Enthalten Kerne und sind eher dickschalig. Wichtige Anbaugebiete sind der Mittelmeerraum und Kalifornien.

Rosinen werden nicht nur als Nascherei und schnellen Energiespender geschätzt. Sie sind auch süße Zutat in Speisen, vor allem in der asiatischen und arabischen Küche. Sie aromatisieren Saucen, Süßspeisen sowie Gebäck. Großmutters Gugelhupf ohne Rosinen? Einfach unvorstellbar.

Hausreben im Hobbygarten

Noch vor gut 50 Jahren gab es kaum ein Bauernhaus, an dem keine Reben rankten. Dann fielen sie Gebäuderenovationen zum Opfer oder wurden bei Neubauten gar nicht erst angepflanzt. Inzwischen hat sich das geändert. Mit neuen, robusten, pflegeleichten Sorten feiert die gute alte Hausrebe im Hobbygarten ihr Comeback.

In geschützter Lage – ideal ist eine gegen Süden orientierte Hausfassade, die Sonnenwärme speichert – gedeiht der Weinstock problemlos. Jungpflanzen erhält man in Baumschulen und in Gartencentern. Dort lässt man sich am besten über geeignete Sorten für den vorgesehenen Standort beraten.

Konfitüren und Gelees

Je mehr Säure eine Frucht enthält, desto rascher wird sie durch den Garprozess dickflüssig. Dieser Vorgang, Gelieren genannt, ist abhängig vom Verhältnis Säure – Pektin – Zucker.

Geliermittel

Sie sind in pulverisierter oder flüssiger Form erhältlich. Es handelt sich um wasserlösliche Pektine pflanzlicher Herkunft. Gelierhilfen verkürzen nicht nur die Kochzeit, sie schonen auch Vitamine, Geschmack und Farbe. Zudem braucht es weniger Zucker und Süßstoff.

Da Pektin kein Konservierungsmittel ist, müssen Konfitüren, Gelees, Kompott usw. sprudelnd heiß in Gläser mit Schraubverschluss gefüllt und der Deckel sofort zugeschraubt werden. Das Vakuum schützt den Inhalt vor Luftzutritt und damit vor Bakterien.

Gelierzucker

Der Gelierzucker besteht aus Pektin, Zitronensäure und Zucker. Er süßt und unterstützt den Geliervorgang.

Wann empfiehlt sich eine Gelierhilfe?

Ein Geliermittel oder Gelierzucker empfehlen sich bei schlecht gelierenden Früchten wie Erdbeeren, Heidelbeeren oder Holunderbeeren. Zitronensaft unterstützt das Eindicken, zudem bleiben Farbe und Aroma besser erhalten.

Eine saubere Sache

Absolute Sauberkeit ist beim Einmachen oberstes Gebot! Schon das kleinste Krümelchen Brot kann einen Gärprozess auslösen; bei einer noch so kleinen Unreinheit sind Konserven ein gefundenes Fressen für Schimmel und Bakterien.

Einmachgläser und (unbeschädigte) Schraubdeckel werden deshalb vor Gebrauch gründlich gereinigt und mit heißem Wasser nachgespült. Als Schutz vor Bakterien lässt man die Gläser bis zur Verwendung umgedreht auf einem sauberen Küchentuch oder mit heißem Wasser gefüllt stehen. Die Gläser nicht abtrocknen, da durch die Küchentücher oft Unreinheiten übertragen werden.

Grundrezept

Für Konfitüre werden kleine Beeren ganz verwendet, größere zerkleinert. Für Gelee müssen die Früchte ausgepresst werden. Beide Varianten basieren auf dem gleichen Prinzip: Durch die hohe Temperatur wird das Einmachtgut steril gemacht (Keimfreimachung), der Zucker dient der Konservierung.

Kochen bis zum Gelierpunkt

Einen weiten Topf wählen, damit die Flüssigkeit schneller verdampfen kann. Weil auf höchster Garstufe eingekocht wird, muss die Fruchtmasse ständig gerührt werden, damit sie nicht anbrennt und schneller geliert.

Der Gelierpunkt ist erreicht, wenn die Fruchtmasse an einem eingetauchten Holzkochlöffel als breiter Tropfen kleben bleibt.

Variante: Einige Tropfen Konfitüre oder Gelee auf einen kalten Teller gießen: wenn die Fruchtmasse nicht verfließt und sich eine feine Haut bildet, ist der Gelierpunkt erreicht.

Bei stark schäumenden Fruchtmassen den Schaum mit einem Löffel abschöpfen.

Heiß einfüllen

Zum Einfüllen die vorgewärmten Gläser auf ein feuchtes Tuch oder ein Holzbrett stellten, um sie vor dem Bersten zu schützen. Gläser bis unter den Rand füllen und sofort verschließen. Gläser mit Schraubdeckel einige Minuten auf den Kopf stellen. Über Nacht auskühlen lassen.

Einmachgut kontrollieren

Gläser nach dem Einfüllen auf Dichtheit kontrollieren. Dazu drückt man mit dem Daumen auf den zugeschraubten Deckel: wenn er bombiert ist (nach oben gewölbt) und sich eindrücken lässt, ist das Vakuum nicht intakt.

Bei Einmachgläsern mit Gummiring den Metallbügel entfernen, das Glas vorsichtig am Deckel heben. Wenn der Deckel fest sitzt, ist das Vakuum intakt. Wenn der Metalldeckel auf Daumendruck nachgibt – oder sich der Deckel von Einmachgläsern abheben lässt –, muss der Glasinhalt nochmals aufgekocht und erneut heiß eingefüllt werden. Andernfalls das Einmachgut sofort verbrauchen.

Lagerung

Jedes Glas beschriften, d. h. mit Inhalt und Datum auszeichnen. Wenn man anstelle der Klebeetiketten ein Malerabdeckband verwendet, bleiben auf dem Glas keine Leim- und Papierspuren zurück.

Gläser an einem kühlen, trockenen und dunklen Ort lagern.

Haltbarkeit

Konfitüren, Sirup, sterilisierter Saft, eingekochtes Kompott und Mus sowie Gelee können 12 bis 24 Monate gelagert werden. Alles Einmachgut mit reduziertem Zuckeranteil oder mit Süßstoff muss nach Anbruch im Kühlschrank aufbewahrt und rasch konsumiert werden.

Vorsicht

Konfitüren und Gelees mit Schimmelbelag sind verdorben! Es genügt nicht, den Schimmelbelag zu entfernen, weil Fäulnisbakterien den Inhalt bereits durchsetzt haben.

Feiner Beerensaft – leicht gemacht

Es gibt drei Möglichkeiten, Beerensaft herzustellen:

° Die Früchte aufkochen und durch ein Tuch filtern.
° Die Früchte kalt auspressen.
° Die Früchte in einem Dampfentsafter entsaften.

Für die Saftgewinnung eignen sich praktisch alle Beerenarten. Besonders ideal sind jedoch Weintrauben, schwarze und rote Johannisbeeren sowie Brombeeren. Holunderbeeren, Himbeeren und Erdbeeren sind sehr aromatisch und eignen sich vorzüglich zum Mischen mit anderen Fruchtsäften.

Die Beeren müssen für die Saftgewinnung nicht gerüstet/geputzt werden. Eine Ausnahme bilden die Weintrauben- und Holunderbeeren, bei denen die Rispen zu entfernen sind. Bei Holunderbeeren, wie übrigens auch bei Johannisbeeren für Desserts und Konfitüre, streift man die Beeren am besten mit einer Gabel von den Stielen.

Entsaften mit der Maschine ...
Wer viel Beeren verarbeitet, sollte sich im Handel nach einem geeigneten Entsafter umsehen. Für die Kaltpressung gibt es eine Reihe von Entsaftungs-Zentrifugen, teilweise auch als Zusatzgerät zur Küchenmaschine. Diese Apparate eignen sich aber in erster Linie für die Herstellung von Säften für den Frischgenuss, also für kleinere Mengen.

Für größere Mengen haben sich die Haushalt-Kleinpressen bewährt. Mit einem Dampfentsafter kann der Saft in einem einzigen Arbeitsgang hergestellt, pasteurisiert und anschließend abgefüllt werden. Gebrauchsanweisung des Geräteherstellers beachten.

... oder nach Großmutters Art
Für den Hausgebrauch bewährt sich immer noch Grossmutters Methode mit dem umgekehrten Hocker. Eine Gazewindel oder ein spezielles Safttuch (im Handel erhältlich) mit Schnur an den Stuhlbeinen festbinden. Zum Auffangen des Saftes eine große Porzellanschüssel oder eine Chromstahlpfanne unter das Tuch stellen.

Beeren mit wenig Wasser aufkochen. Wenn sie nicht von selbst aufspringen, zerdrückt man sie mit einem Holzkochlöffel. Das heiße Beerenmus vorsichtig in das Tuch gießen. Den Saft ein paar Stunden – oder am besten über Nacht – abtropfen lassen.

Das Tuch mit der Beerenmaische leicht auswringen. Je mehr man es auspresst, desto größer die Ausbeute, aber desto trüber der Saft.

Für kleine Portionen eignet sich auch ein Salatsieb: Mit einem Nesseltuch auskleiden und auf eine hohe Email- oder Chromstahlschüssel stellen. Reine Beerensäfte sind meist zu intensiv im Aroma.

Sie werden mit Vorteil gemischt und mit Wasser oder Kräutertee verdünnt. Ein wenig Zucker verfeinert den Geschmack und mildert die Säure.

Beerensäfte sind für den Frischkonsum bestimmt. Sie können im Kühlschrank in einer verschlossenen Flasche 1 bis 2 Tage aufbewahrt werden.

Beerensaft konservieren

Für eine längere Haltbarkeit müssen Säfte vor der natürlich einsetzenden Gärung geschützt werden. Eine einfache Methode der Haltbarmachung ist das Erhitzen des Saftes auf 75 °C; rasch in vorgewärmte Flaschen abfüllen und sofort verschließen. Ideal sind Flaschen mit Bügelverschluss.

Etwas aufwändiger, jedoch qualitativ besser ist das Pasteurisieren im heißen Wasserbad. Dazu füllt man den frisch gewonnenen Saft in saubere Flaschen bis etwa drei Zentimeter unter den Rand. Die (unverschlossenen!) Flaschen in einen hohen Topf oder einen Sterilisiertopf stellen. Das Gefäß mit so viel Wasser auffüllen, bis der Wasserspiegel auf gleicher Höhe wie der Saft in den Flaschen ist. In eine der Flaschen einen Stabthermometer stellen.

Nun das Wasser erhitzen; so wird der Saft indirekt und schonend erhitzt. Wenn das Thermometer eine Temperatur von 75 °C erreicht hat, nimmt man die Flaschen aus dem Wasserbad und füllt sie bis zum Rand, entweder mit heißem Wasser oder mit separat erhitztem Beerensaft. Flaschen sofort verschließen und an einem kühlen Platz aufrecht lagern. Einmal geöffnete Flaschen im Kühlschrank aufbewahren und den Saft innerhalb weniger Tage genießen.

Sirup aus Beerensaft

Eine andere Methode zur Haltbarmachung von Beerensaft ist das Erhitzen mit Zucker zu Sirup. Mit Wasser verdünnt, ergibt dies herrlich erfrischende und vitaminreiche Durstlöscher. Beerensirup ist aber auch köstlich zu Glace (Eiscreme), Pudding sowie anderen Süßspeisen, sowie zum Aromatisieren von Getränken und Saucen. Für die Sirupherstellung gibt es eine «kalte» und eine «heiße» Variante.

Heiße Sirup-Variante

Den Beerensaft im Verhältnis 1:1 (1 Liter Saft und 1 Kilogramm Zucker) unter Rühren bis vor den Siedepunkt (gut 80 °C) erhitzen. Den Sirup randvoll in vorgewärmte Flaschen füllen und diese sofort luftdicht verschließen. Die Zuckermenge kann individuell dosiert werden. Je weniger Zucker, desto kürzer jedoch die Haltbarkeit, vor allem, wenn die Sirupflasche einmal geöffnet ist. Deshalb eher kleine Glasflaschen verwenden und angebrochene Flaschen im Kühlschrank aufbewahren.

Kalte Sirup-Variante

30 Gramm Weinsteinsäure (Apotheke/Drogerie) in einer Glas- oder in einer Porzellanschüssel mit 1 Liter heißem Wasser übergießen und umrühren. 2 Kilogramm Beeren – sortenrein oder gemischt – leicht zerquetschen und zum ausgekühlten Wasser geben. Zugedeckt während 20 bis 30 Stunden ziehen lassen; Beerenmus öfters umrühren.

Saft durch ein feines Sieb oder ein Tuch filtrieren; im Verhältnis 1:1 (1 Liter Saft und 1 Kilogramm Zucker) kalt verrühren, bis sich der Zucker aufgelöst hat. Den Sirup randvoll in Flaschen füllen und diese sofort verschließen.

Beeren aus dem Kälteschlaf

Frische Beeren zu kaufen, um sie auf Vorrat einzufrieren, lohnt sich nicht. Dann kauft man sie besser gleich als Tiefkühlprodukt. Anders ist es hingegen, wenn im Hausgarten Ernteüberschüsse anfallen – oder man im Wald erfolgreichreich auf Sammeltour war. Auf Erdbeerfeldern zum Selberpflücken kommt man ebenfalls preisgünstig zu Vorräten; das Ergebnis tiefgefrorener Erdbeeren ist allerdings stark abhängig von der jeweiligen Sorte.

Im Prinzip kann man alle Beerenarten einfrieren, allerdings mit unterschiedlichem Resultat. Deshalb empfiehlt es sich, die folgenden Punkte zu beachten:

Sehr gut zum Tiefgefrieren eignen sich

- Berberitze (Sauerdorn)
- Brombeere
- Cranberry
- Heidelbeere
- Himbeere
- Johannisbeere (rote, weiße, Cassisbeere)
- Preiselbeere
- Taybeery – Loganbeere
- Vogelbeere (Eberesche)

Gut geeignet sind

- Holunderbeere
- Stachelbeere
- Walderdbeere
- Sanddornbeere

Beeren lose einfrieren

Geeignet sind festfleischige, schöne Beeren. Wenn immer möglich, werden sie nicht gewaschen, denn das verwässert das Aroma. Man legt sie – mit kleinem Abstand – einlagig auf eine Aluschale oder ein Backblech und stellt sie während einiger Stunden in den Tiefkühler. Dann können die gefrorenen Beeren in Schalen eingefüllt und bei Bedarf einzeln entnommen werden.

Einfrieren mit Zucker

Die Beigabe von Zucker (etwa 100 Gramm auf 1 Kilogramm Beeren) intensiviert das Aroma der Beeren und verlängert auch ihre Haltbarkeit ohne Qualitätseinbusse von rund 8 auf 12 Monate. Die Beeren werden in Schalen gefüllt und mit dem Zucker überstreut. Überreife, aber gesunde Beeren werden am besten als Püree tiefgefroren.

Tipps für verschiedene Beeren

Berberitzen verlieren durch die Kälte ein Teil der Säure. Dadurch werden sie geschmacklich milder und lassen sich leichter auspressen. Beeren ohne Stiele mit etwas Zucker in Behälter füllen und einfrieren.

Brombeeren lose, mit Zucker oder als Püree einfrieren.

Cranberries (Moosbeeren) lose einfrieren. Der Frost mildert das Aroma.

Erdbeeren, ausgesprochen lockeres Fruchtfleisch mit hohem Wassergehalt. Zerfällt beim Auftauen leicht und wird matschig. Zum Einfrieren geeignet sind in erster Linie Erdbeersorten, die durch und durch rotes Fruchtfleisch aufweisen. Ganze Erdbeeren sollte man nur einfrieren, um daraus ausgesprochen aromatische Konfitüren für den Frischverzehr herzustellen.
Für Birchermüesli, Fruchtschnitte oder Quark-Dessert die Beeren in Viertel oder Scheibchen schneiden und in Behältern mit oder ohne Zucker einfrieren. Vor Gebrauch lässt man sie im Kühlschrank langsam auftauen.
Das beste Resultat erreicht man mit Erdbeeren, die ohne Zucker püriert und in Schalen eingefroren werden. Ideal für die Herstellung von Creme, Sorbet, Glace oder Parfait.

Heidelbeeren aus dem Wald, in einem Sieb sorgfältig mit Wasser überbrausen, abtropfen lassen und auf Küchenpapier trocken tupfen. Kulturheidelbeeren nicht waschen. Heidelbeeren lose oder mit Zucker einfrieren.

Himbeeren lose, mit Zucker oder püriert einfrieren.

Holunderbeeren mit einer Gabel von den Stielen streifen. Lose, mit Zucker oder püriert einfrieren.
Für Püree die Holunderbeeren in wenig Wasser kurz aufkochen, das Wasser abgießen.

Johannisbeeren mit einer Gabel von den Stielen streifen. Lose, mit Zucker oder püriert einfrieren. Für Püree die Johannisbeeren in wenig Wasser kurz aufkochen, das Wasser abgießen. Dann durch ein Passevite/Flotte Lotte mit kleiner Sieblochung drehen – oder mit dem Pürierstab pürieren und danach durch ein Sieb streichen, um die Kerne zu entfernen.

Jostabeeren am besten als Saft einfrieren.

Preiselbeeren lose einfrieren oder kurz erhitzen und pürieren.

Sanddornbeeren lose einfrieren – oder als Mark zubereiten

Stachelbeeren mit wenig Wasser aufkochen, bis sie platzen; durch ein Sieb streichen und einfrieren.

Tayberries/Loganbeeren lose, mit Zucker oder püriert einfrieren.

Vogelbeeren (Eberesche) lose einfrieren.

Weintraubenbeeren nur bedingt geeignet, am ehesten blaue Weintraubensorten mit möglichst wenig Kernen. Beeren lose einfrieren.

Rezepte

Beerencremes – Cremes mit Beeren 64
Kühl und zart schmelzend – Parfaits 80
Aus dem Ofen 86

Beeren mit gepfefferter Zabaione

500 g gemischte Beeren, z. B. Brombeeren, Erdbeeren, Heidelbeeren, Himbeeren, Johannisbeeren, Jostabeeren, Maibeeren

2 dl/200 ml Dessert-Rotwein mit natürlicher Restsüße, z. B. Recioto Amabile

2 Eigelbe von Freilandeiern

1 EL Zucker

½ TL Maisstärke

1 kräftige Prise schwarzer Pfeffer

1
Die Beeren in Weingläser oder andere hohe Gläser füllen.

2
Dessertwein, Eigelbe, Zucker, Maisstärke und eine kräftige Prise schwarzen Pfeffer in eine Chromstahlschüssel geben und über dem heißen Wasserbad (siehe Brombeerparfait Seite 82, Punkt 1) zu einer dickflüssigen Creme aufschlagen.

3
Die Zabaione über die Beeren gießen, sofort servieren.

Tipps
Die Schärfe des Pfeffers harmoniert wunderbar mit dem Aroma des Dessert-Rotweins Recioto Amabile. Man kann natürlich auch einen anderen Dessert-Rotwein oder einen fruchtigen Rotwein nehmen. Bei einem normalen Rotwein muss die Zuckermenge verdoppelt oder verdreifacht werden. Die Maisstärke verhindert, dass das Eigelb bei zu hoher Hitze gerinnt. Sie ist selbstverständlich fakultativ.

Himbeermousse

300 g Himbeeren
1 dl/100 ml Orangensaft
1 gestrichener TL Agar-Agar-Pulver
4 Eiweiß von Freilandeiern

150 g Himbeeren
1 Becher (180 g) Rahm/süße Sahne

1
Die Himbeeren pürieren und durch ein Chromstahlsieb streichen.

2
Orangensaft und Agar-Agar-Pulver unter Rühren aufkochen, 1 Minute kochen.

3
Das Eiweiß zu sehr steifem Schnee schlagen. Den heißen Orangensaft und das Himbeerpüree darüber gießen, kurz und kräftig rühren.

4
Die Himbeercreme in Portionenschalen oder in eine Schüssel füllen, im Kühlschrank 1 bis 2 Stunden fest werden lassen.

5
Die Portionenschalen auf Teller stürzen oder die Himbeermousse mit einem Esslöffel portionieren, d. h. Klößchen abstechen und anrichten. Mit den Himbeeren und dem Schlagrahm garnieren.

Tipp
Die Himbeermousse wird sehr luftig. Anstelle des Orangensaftes kann auch Rahm/süße Sahne verwendet werden.
In diesem Fall das Agar-Agar-Pulver zusammen mit dem Rahm aufkochen.

Johannisbeergelee mit Vanillesauce

500 g rote Johannisbeeren
½ dl/50 ml Wasser
¾ dl/75 ml Birnendicksaft
1 gestrichener TL Agar-Agar-Pulver
1 EL Akazienhonig
1 kleiner Apfel

Vanillesauce

½ l Milch
1 Vanilleschote
3 TL Pfeilwurzelmehl
2 Eigelbe von Freilandeiern
2 EL Blütenhonig

1
Johannisbeeren, Wasser und Birnendicksaft aufkochen, bei schwacher Hitze 5 Minuten kochen. Die Fruchtmasse pürieren und durch ein Chromstahlsieb streichen.

2
Das Agar-Agar-Pulver mit 1 bis 2 Esslöffeln kaltem Wasser glatt rühren, mit dem Johannisbeerpüree aufkochen, bei schwacher Hitze 2 bis 3 Minuten kochen, mit dem Akazienhonig abschmecken.

3
Den Apfel schälen, vierteln und entkernen, die Fruchtviertel in Würfelchen schneiden, zum noch heißen Johannisbeersaft geben. In Förmchen, Schalen oder Kaffeetassen füllen. Sobald das Gelee abgekühlt ist, in den Kühlschrank stellen und fest werden lassen.

4
Für die Vanillesauce Milch und aufgeschlitzte Vanilleschote aufkochen, von der Wärmequelle nehmen und 10 Minuten ziehen lassen. Das Vanillemark abstreifen und zur Milch geben. Das Pfeilwurzelmehl mit wenig kaltem Wasser glatt rühren. Die Milch erneut erhitzen, mit dem Pfeilwurzelmehl binden, einige Minuten bei schwacher Hitze kochen lassen. Die noch heiße Milch mit dem Schneebesen unter die Eigelbe rühren, weiterrühren, bis die Creme abgekühlt ist, mit dem Honig süßen.

5
Die Johannisbeerköpfchen auf Teller stürzen, mit der Vanillesauce umgießen.

Beerenkompott mit Vanillesauce

250 g Johannisbeeren
100 g Sauerkirschen
100 g Himbeeren
200 g Erdbeeren
1 dl/100 ml Johannisbeer- oder Sauerkirschennektar
2 EL Zucker
½ Zimtsange
½ dl/50 ml fruchtiger Rotwein
1 EL Maisstärke

Vanillesauce

1 Vanilleschote
3,5 dl/350 ml Milch
1 EL Zucker
1 EL Maisstärke
1 Eigelb
50 g Rahm/süße Sahne

1
Die Johannisbeeren mit der Gabel von den Rispen streifen. Die Kirschen entstielen und entsteinen. Die Erdbeeren entstielen, je nach Größe ganz lassen, halbieren oder vierteln.

2
Fruchtnektar, Zucker und Zimtstange aufkochen. Johannisbeeren und Kirschen im Nektar 2 bis 3 Minuten köcheln. Die mit dem Rotwein glatt gerührte Maisstärke unterrühren, köcheln lassen, bis die Sauce bindet. Himbeeren und Erdbeeren erst jetzt zufügen. Nach Belieben nachsüßen. Das Beerenkompott auskühlen lassen, in den Kühlschrank stellen. Die Zimtstange entfernen.

3
Die Vanilleschote aufschneiden und das Mark abstreifen, zusammen mit den Schotenhälften, der Milch und dem Zucker aufkochen. Die mit wenig Wasser angerührte Maisstärke unterrühren, köcheln lassen, bis die Vanillesauce bindet. Den Rahm mit dem Eigelb verrühren, unter die heiße Vanillesauce rühren, nicht mehr kochen. Sauce auskühlen lassen. Ab und zu rühren. Vanilleschoten entfernen.

4
Das gut gekühlte Beerenkompott in Suppentellern anrichten, 1 bis 2 Esslöffel Vanillesauce darüber verteilen, den Rest separat servieren.

Orangenköpfchen mit Erdbeeren

1 gestrichener TL Agar-Agar-Pulver

½ l frisch gepresster Orangensaft

2 ½ EL Orangenblütenhonig

½ Zitrone

250 g kleine Erdbeeren, halbiert

1 Becher (180 g) Rahm/süße Sahne

1
Das Agar-Agar-Pulver mit wenig kaltem Wasser anrühren.

2
Den Orangensaft mit dem Agar-Agar unter Rühren aufkochen, mit 2 Esslöffeln Orangenblütenhonig und Zitronensaft abschmecken.

3
Die halbierten Erdbeeren in Portionenförmchen legen, mit dem heißen Orangensaft auffüllen, abkühlen lassen. Für 1 bis 2 Stunden in den Kühlschrank stellen, bis das Gelee fest ist.

4
Den Rahm steif schlagen und mit dem restlichen Orangenblütenhonig abschmecken.

5
Die Orangenköpfchen auf Teller stürzen, mit dem Rahm und einigen Erdbeeren garnieren.

Sommerlicher Hirse-Beeren-Traum

80 g sehr fein gemahlenes Hirsemehl

1 Msp Vanillepulver

½ l Milch

2–3 EL Akazienhonig

1 Becher (180 g) Crème fraîche oder
1 Becher (180 g) Rahm/süße Sahne

300 g gemischte Beeren

Beeren für die Garnitur

1
Das Hirsemehl und das Vanillepulver mit der Milch in einer Pfanne glatt rühren, unter ständigem Rühren aufkochen, bei schwacher Hitze so lange köcheln, bis die Creme bindet. Die Hirsecreme in einer Schüssel erkalten lassen, immer wieder rühren, damit sich keine Haut bilden kann.

2
Die Hirsecreme mit dem Honig süßen, die Crème fraîche oder den steif geschlagenen Rahm unterziehen. 30 Minuten kühl stellen.

3
Die Hirsecreme mit den Beeren sorgfältig mischen, in Glasschalen anrichten. Mit Beeren garnieren.

Grießklößchen mit Stachelbeerkompott

2,5 dl/250 ml Milch
1 Vanilleschote
4 EL gemahlene Mohnsamen
80 g Weizengrieß
1 Freilandei

Kompott
300 g Stachelbeeren
1 Apfel
4 EL Blütenhonig
4 EL trockener Weißwein
einige Tropfen Zitronensaft
1 TL Maisstärke oder Pfeilwurzelmehl

Apfelschnitzchen für die Garnitur
Zitronenmelisse für die Garnitur

1
Milch und aufgeschlitzte Vanilleschote aufkochen, die Pfanne von der Wärmequelle nehmen, 5 Minuten stehen lassen. Das Vanillemark abstreifen und zur Milch geben. Die Milch nochmals erhitzen, gemahlenen Mohn und Grieß unter Rühren zufügen, die Pfanne von der Wärmequelle nehmen, zugedeckt 30 Minuten quellen lassen. Sobald die Masse abgekühlt ist, das Ei unterrühren.

2
Die Stachelbeeren halbieren. Den Apfel schälen, vierteln und entkernen, die Fruchtviertel klein würfeln.

3
Honig, Weißwein und Zitronensaft aufkochen, halbierte Stachelbeeren und Äpfel zufügen, kurz köcheln. Das Pfeilwurzelmehl mit wenig kaltem Wasser anrühren, zum Kompott geben und die Sauce binden.

4
In einem Kochtopf reichlich schwach gesalzenes Wasser erhitzen. Den Grieß mit einem Esslöffel portionieren, d. h. Klößchen abstechen, in das Salzwasser gleiten lassen und bei schwacher Hitze rund 4 Minuten ziehen lassen.

5
Das Kompott auf Tellern anrichten, die Klößchen darauf anrichten. Mit Apfelschnitzchen und Zitronenmelisse garnieren.

Melonenmousse mit Heidelbeeren

1 Charentais- oder Cavaillonmelone, davon 200 g Püree, den Rest in Kugeln

250 g Heidelbeeren

2 Blatt Gelatine, in kaltem Wasser eingeweicht

1 EL Orangenlikör, z. B. Grand Marnier

1 Becher (180 g) Rahm/süße Sahne

2 EL Zucker

1

Die Melone halbieren und entkernen. Für das Püree 200 g Fruchtfleisch herauslösen und pürieren, aus dem Rest Kugeln ausstechen.

2

Die eingeweichte Gelatine gut ausdrücken, mit dem Grand Marnier im heißen Wasserbad auflösen, Melonenpüree unterrühren. Den Rahm mit dem Zucker steif schlagen, unterziehen.

3

Die Hälfte der Heidelbeeren und die Melonenkugeln auf vier Glasschalen oder Coupegläser verteilen. Mit der Melonenmousse bedecken beziehungsweise auffüllen. Kühl stellen.

4

Kurz vor dem Servieren mit den restlichen Heidelbeeren garnieren.

Knusper-Müesli mit bunten Beeren

160 g feine Haferflocken oder Flockenmischung
3 dl/300 ml Milch
300 g Erdbeeren
300 g Magerquark
2–3 TL Akazienhonig
100 g Johannisbeeren
100 g Heidelbeeren
6 EL Cornflakes

1
Haferflocken oder Flockenmischung etwa 10 Minuten in der kalten Milch einweichen.

2
Die Erdbeeren klein schneiden, die Hälfte mit dem Quark pürieren. Den Honig unterrühren, eingeweichte Haferflocken oder Flockenmischung zufügen, vermengen.

3
Die restlichen Beeren und die Cornflakes zum Müesli geben, vermengen.

Tipp
Als Frühstück genießen.

Melonen-Beeren-Kaltschale

1 Cavaillon- oder Charentaismelone
400 g Beeren, je nach Angebot
2 Becher (je 180 g) Sauermilch
2 EL Akazienhonig
1 Msp Vanillepulver
1 Msp Kardamompulver

1
Die Melone halbieren und entkernen, das Fruchtfleisch mit einem Kugelausstecher portionieren.

2
Sauermilch, Honig, Vanille-und Kardamompulver verquirlen, auf die Glasschalen verteilen. Die Melonenkugeln und die Beeren darauf anrichten.

Sanddornparfait mit Kompott von Holunderbeeren

Sanddornparfait

6 Eigelbe von Freilandeiern
75 g Zucker
6 Eiweiß
75 g Zucker
1,5 dl/150 ml Sanddornsirup
3 Becher (540 g) Rahm/süße Sahne

Kakaopulver für die Garnitur

Holunderbeerenkompott

einige Holunderdolden (200 g Holunderbeeren)
100 g Zucker
wenig Zitronensaft

Sanddornsirup

1,5 kg Sanddornbeeren
600 g Zucker

Zitronenmelisse für die Garnitur

1

Für den Sirup die Sanddornbeeren in eine Pfanne geben, knapp mit Wasser bedecken, aufkochen, bei schwacher Hitze 10 Minuten kochen, durch ein feines Baumwolltuch oder ein Sieb passieren und den Saft auffangen. Den Sanddornsaft mit dem Zucker unter Rühren erhitzen. In vorgewärmte Flaschen mit Bügel- oder Schraubverschluss füllen.

2

Für das Sanddornparfait die Eigelbe mit dem Zucker cremig aufschlagen. Das Eiweiß mit dem restlichen Zucker zu Schnee schlagen, abwechslungsweise mit dem Sanddornsirup unter die Eigelbmasse ziehen. Den Rahm steif schlagen und unterziehen. In eine gut vorgekühlte runde Form füllen, im Tiefkühler einige Stunden fest werden lassen.

3

Für das Holunderbeerkompott die Dolden gut waschen. Die Beeren von den Stielen zupfen, mit dem Zucker aufkochen, 10 bis 15 Minuten bei schwacher Hitze kochen, mit wenig Zitronensaft abrunden.

4

Die Parfaitform kurz in heißes Wasser tauchen, stürzen. Das Parfait portionieren, auf Tellern anrichten, mit dem Kakaopulver bestäuben und dem Sanddornsirup garnieren. Das Holunderbeerkompott dazu anrichten.

Tipp

Mit Blätterteigstängelchen und Zitronenmelisse garnieren.

Brombeerparfait

1 Freilandei
2 Eigelbe von Freilandeiern
4 EL Blütenhonig
500 g Brombeeren
1 EL Birnendicksaft
250 g Rahm/süße Sahne

4 Hand voll Brombeeren

1
Ei, Eigelbe und Honig in einer Rührschüssel über dem kochenden Wasser cremig aufschlagen. Dazu eine geeignete Kombischüssel/Rührschüssel in den Kochtopf mit Wasser hängen. Der Topf soll mit dem Wasser nicht in Berührung kommen. Danach die Schüssel in Eiswasser (Wasser mit Eiswürfeln) stellen und die Creme kalt schlagen.

2
Die Brombeeren mit dem Birnendicksaft pürieren, die Masse durch ein Chromstahlsieb streichen. Einige Esslöffel des Pürees für die Sauce entnehmen und beiseite stellen.

3
Das Brombeerpüree unter die Eiermasse rühren. Den Rahm steif schlagen und unterziehen. Parfaitmasse in Portionen-/Savarinförmchen oder in eine große Terrineform füllen.
Im Tiefkühler fest werden lassen.

4
Das Parfait vor dem Anrichten für 30 Minuten in den Kühlschrank stellen.

5
Den Rand der Portionenförmchen vorsichtig lösen und das Parfait auf Teller stürzen. Oder den Rand der Terrineform vorsichtig lösen, das Parfait stürzen und portionieren, anrichten. Brombeeren mit der Brombeersauce vermengen, dazu anrichten.

Variante

Brombeeren durch Erdbeeren, Heidelbeeren, Himbeeren, Jostabeeren oder Maibeeren ersetzen.

Mohnparfait mit Brombeersauce

1 dl/100 ml Milch
1 EL Butter
70 g fein gemahlene Mohnsamen
1 Msp Vanillepulver
1 Freilandei
2 Eigelbe von Freilandeiern
4 EL Blütenhonig
1 EL Ahornsirup
250 g Rahm/süße Sahne

Brombeersauce
500 g reife Brombeeren
2 EL Birnendicksaft
einige Tropfen Zitronensaft

Brombeeren für die Garnitur
Zitronenmelisse für die Garnitur

1
Die Milch mit der Butter erhitzen, Mohn und Vanillepulver unterrühren, bei schwacher Hitze unter Rühren kochen, bis die Masse sehr fest und trocken ist. Den Kochtopf von der Wärmequelle nehmen, die Masse abkühlen lassen.

2
Ei, Eigelb, Honig und Ahornsirup in einer Rührschüssel über dem kochenden Wasser cremig aufschlagen, dann kalt schlagen (siehe Brombeerparfait Seite 82, Punkt 1).

3
Die Mohnmasse unter die abgekühlte Eiermasse rühren. Den Rahm steif schlagen und unterziehen. Die Parfaitmasse in Portionenförmchen füllen. Im Tiefkühler fest werden lassen.

4
Förmchen etwa 30 Minuten vor dem Anrichten in den Kühlschrank stellen.

5
Brombeeren mit dem Birnendicksaft pürieren, das Püree durch ein Chromstahlsieb streichen, mit wenig Zitronensaft abrunden.

6
Mit der Brombeersauce auf die Teller einen Spiegel gießen, Den Rand der Förmchen vorsichtig lösen, die Mohnköpfchen auf die Teller stürzen. Mit Brombeeren und Zitronenmelisse garnieren.

Tipp
Das Parfait hat die richtige Konsistenz, wenn man mit einem Holzspießchen mühelos hineinstechen kann.

Beerensoufflé

150 g Vollmilch- oder Magerquark
1 EL flüssige Butter
2 EL Vollrohrzucker
1 EL Weizengrieß
1 Bio-Zitrone, abgeriebene Schale
3 Freilandeier, Eigelb und Eiweiß getrennt
200 g gemischte Beeren

weiche Butter für die Form

1
Die flüssige Butter unter den Quark rühren. Zucker, Grieß, Zitronenschale und Eigelbe unterrühren. 15 Minuten ruhen lassen. Das Eiweiß steif schlagen, vorsichtig unterziehen.

2
Den Backofen auf 180 °C vorheizen.

3
Eine flache Auflaufform mit Butter einfetten. Quarkmasse in die Form füllen und glatt streichen. Die Beeren darüber streuen.

4
Den Beerenauflauf in der Mitte in den Ofen schieben, bei 180 °C 30 Minuten backen.

5
Soufflé mit einem Esslöffel portionieren, d. h. Klößchen abstechen, auf einer Fruchtsauce, z. B. Himbeersauce, anrichten.

Variante
Das Soufflé in Portionenförmchen füllen, bei 180 °C rund 20 Minuten backen.

Erdbeertorte

Biskuitteig

3 Eigelbe von Freilandeiern
50 g Akazienhonig
1 EL heißes Wasser
85 g Weizen- oder Dinkelweißmehl
½ TL phosphatfreies Backpulver
3 Eiweiß
1 TL Zucker

weiche Butter für die Form
Paniermehl/Semmelbrösel für die Form

Belag

250 g Mascarpone
1 EL flüssiger Honig
1 Bio-Zitrone, abgeriebene Schale
3 EL flüssige Butter
1 kg kleine Erdbeeren

Glasur

2,5 dl/250 ml Apfelsaft
1 gestrichener TL Agar-Agar-Pulver
1 EL Blütenhonig
1 Prise Meersalz
1 Prise Vanillepulverer

1
Den Boden der Springform mit Backpapier belegen. Den Rand mit der Butter einfetten und dem Paniermehl bestreuen.

2
Den Backofen auf 180 °C vorheizen.

3
Eigelbe, Honig und Wasser cremig aufschlagen. Das Mehl mit dem Backpulver mischen. Das Eiweiß steif schlagen, Zucker zufügen und weiterschlagen, bis er sich aufgelöst hat. Mit dem Schneebesen nach und nach das Mehl und den Eischnee unter die Eigelbmasse arbeiten, ohne dass die Masse zusammenfällt. Den Teig in die vorbereitete Form füllen. Das Biskuit in der Mitte in den Backofen schieben und bei 180 °C 25 bis 30 Minuten backen. In der Form 10 Minuten ruhen lassen. Dann den Rand lösen, das Biskuit auf eine Platte stürzen. Das Papier entfernen.

4
Mascarpone, Honig und Zitronenschalen glatt rühren.

5
Das Biskuit mit der flüssigen Butter einpinseln. Mascarpone darauf verteilen. Dicht mit Erdbeeren belegen.

6
Für die Glasur Agar-Agar-Pulver in einer kleinen Pfanne im Apfelsaft auflösen, die restlichen Zutaten zufügen, unter Rühren aufkochen und 2 bis 3 Minuten köcheln lassen. Die Erdbeeren damit bepinseln.

Beeren-Cheese-Kuchen

für eine Springform von 22 cm Durchmesser

Boden

- 100 g Petit Beurre/Butterkekse
- 30 g geriebene Mandeln
- 1 EL Zucker
- 60 g flüssige Butter

Füllung

- 500 g Philadelphia-Cream-Cheese
- 250 g Ricotta, Raumtemperatur
- 160 g Zucker
- 1 TL Vanillepulver
- 1 Bio-Zitrone, abgeriebene Schale und Saft
- 3 EL Maisstärke
- 3 Freilandeier
- 200 g Himbeeren

1
Den Backofen auf 160 °C vorheizen.

2
Petit Beurre in einen Plastikbeutel legen, mit dem Teigholz fein zerkrümeln.

3
Biskuitkrümel, Mandeln, Zucker und Butter vermengen. Die Masse auf den mit Backpapier belegten Boden verteilen, gut andrücken. Die Form in der Mitte in den Backofen schieben, den Biskuitboden bei 160 °C 8 Minuten backen, herausnehmen.

4
Den Backofen auf 210 °C vorheizen.

5
Philadelphia-Cream-Cheese und Ricotta verrühren, Zucker, Vanillepulver, Zitronenschalen, Zitronensaft, Maisstärke und Eier zufügen, gut verrühren. Einen Drittel der Masse auf den vorgebackenen Biskuitboden verteilen. Himbeeren sorgfältig unter die restliche Masse ziehen, in die Form füllen und glatt streichen.

6
Beerenkuchen auf der zweituntersten Rille in den Backofen schieben, bei 210 °C 10 Minuten backen. Die Temperatur auf 110 °C zurückschalten, den Kuchen weitere 70 bis 80 Minuten backen. Im ausgeschalteten Backofen bei leicht geöffneter Ofentüre 15 Minuten ruhen lassen. Herausnehmen. Auf einem Kuchengitter auskühlen lassen. Aus der Form nehmen. Bis zum Servieren kühl stellen.

Variante

Himbeeren durch Brombeeren, Erdbeeren, Heidelbeeren, Johannisbeeren, Jostabeeren, Maibeeren ersetzen.

Weiße Schokoladetörtchen mit Beerenallerlei

für 4 bis 5 Metallförmchen von 1,5 dl/150 ml Inhalt

300 g Beeren, z. B. Brombeeren, Erdbeeren, Heidelbeeren, Himbeeren, Johannisbeeren, Jostabeeren, Maibeeren

1–2 EL Puderzucker

1 Msp Vanillepulver

1 TL Zitronensaft

Törtchen

75 g Butter

200 g weiße Schokolade, zerbröckelt

1 Freilandei

2 Eigelbe von Freilandeiern

2 EL Zucker

1 Msp Vanillepulver

1 Vanilleschote

50 g Mehl

Pfefferminze für die Garnitur

1

Die Beeren mit Puderzucker, Vanillepulver und Zitronensaft mischen, im Kühlschrank zugedeckt 1 bis 2 Stunden marinieren.

2

Die Förmchen gut mit weicher Butter einfetten, mit Mehl ausstäuben.

3

Den Backofen auf 200 °C vorheizen.

4

Für die Törtchen die Butter und die weiße Schokolade im warmen Wasserbad schmelzen. Ei, Eigelbe, Zucker und Vanillepulver cremig aufschlagen. Die Vanilleschote aufschneiden, das Mark abstreifen, mit der Schokolademasse unter die Eiermasse rühren. Das Mehl dazusieben und sorgfältig unterziehen. Die Masse in die Förmchen füllen.

5

Die Törtchen in der Mitte in den Ofen schieben, bei 200 °C etwa 10 Minuten backen. Das Gebäck soll innen noch leicht flüssig sein.

6

Die Schokoladetörtchen auf Dessertteller legen, die Beeren dazu anrichten. Mit der Pfefferminze garnieren. Warm servieren.

Suppen – Vorspeisen 96

Hauptgerichte 100

Krautsuppe mit Weintrauben

2 EL Butter

2 EL Mehl

½ l Gemüsebrühe

1 dl/100 ml trockener Weißwein

1 Becher (180 g) Rahm/süße Sahne

150 g mildes Sauerkraut

Meersalz

frisch gemahlener Pfeffer

1Msp zerriebene getrocknete rote Chilischote

250 g blaue Weintraubenbeeren

150 g Poulet- oder Truthahnfleisch

2 TL Thymianblättchen

1
Das Mehl in der Butter andünsten, Gemüsebrühe, Weißwein, Rahm und Sauerkraut zufügen, aufkochen, bei schwacher Hitze 30 Minuten kochen, mit Salz, Pfeffer und Chili abschmecken.

2
Die Beeren halbieren und entkernen. Das Fleisch in feine Streifen schneiden. Weintrauben und Fleischstreifen zur Suppe geben, bei schwacher Hitze 5 Minuten ziehen lassen, je nach Konsistenz mit Gemüsebrühe verdünnen. Mit dem Thymian bestreuen.

Kräuter und Beeren an Rhabarber-Vinaigrette

4 Hand voll gemischte Kräuter und Blüten, z. B. Sauerklee, Pfefferminze, Waldmeister usw.

2 EL Weizenkeimlinge

200 g gemischte Beeren

Rhabarber-Vinaigrette

100 g junger roter Rhabarber

1 EL Balsamico-Essig

1 EL kalt gepresstes Mandelöl

frisch gemahlener schwarzer Pfeffer

1
Für die Vinaigrette den Rhabarber ungeschält in kleine Würfel schneiden, mit einem Esslöffel Wasser kurz dämpfen. Den Rhabarber noch warm mit Balsamico-Essig und Mandelöl mischen, mit Pfeffer abschmecken.

2
Kräuter, Blüten, Keimlinge und Beeren mischen und auf Tellern anrichten, Rhabarber-Vinaigrette darüber verteilen.

Melonen-Himbeer-Salat mit Basilikum

2 kleine Charentais- oder Cavaillonmelonen

250 g Himbeeren

Basilikum

Vinaigrette

2 EL Balsamico-Essig

1 TL rosa Pfefferkörner

Meersalz

4 EL natives Olivenöl extra

1

Die Melonen quer halbieren und entkernen. Das Fruchtfleisch mit dem Kugelausstecher portionieren.

2

Melonenkugeln, Himbeeren und fein geschnittenes Basilikum mischen, in die Melonenschalen füllen.

3

Die Vinaigrette zubereiten, über den Melonen-Himbeer-Salat träufeln, mit Basilikum garnieren. Sofort servieren.

Rehfleisch mit süßsaurer Sauce

2 EL Bratbutter/Butterschmalz
600 g Rehfleisch zum Kurzbraten
2 EL Vollrohrzucker
2 EL Obstessig
2 dl/200 ml Apfelwein
3 EL Rahm/süße Sahne
2 EL Preiselbeeren
2 Hand voll Weintraubenbeeren

1
Rehfleisch in Streifen schneiden, in der Bratbutter kräftig anbraten, herausnehmen und warm stellen.

2
Vollrohrzucker im Cutter fein mahlen, in der Fleischpfanne karamellisieren. Die Pfanne von der Wärmequelle nehmen, 1 Minute stehen lassen. Den Essig und den Apfelwein zugeben. Die Pfanne zurück auf die Wärmequelle stellen, bei mittlerer Hitze köcheln lassen, bis sich der Karamell aufgelöst hat. Den Rahm und die Preiselbeeren zufügen, köcheln lassen, bis die Sauce dickflüssig ist. Das Rehfleisch mit dem Fleischsaft zufügen, bei schwacher Hitze nochmals erwärmen. Die Weintraubenberen halbieren und zufügen, anrichten.

Tipp
Mit Rösti oder Bratkartoffeln servieren.

Kartoffelküchlein (siehe Bild)
600 g vorwiegend fest kochende Kartoffeln schälen und in sehr feine Scheiben schneiden/hobeln, mit Salz und Pfeffer würzen. 4 Soufflé-Portionenförmchen gut mit Butter einfetten, einige Rosmarinnadeln auf den Boden verteilen. Die Kartoffelscheiben rosettenförmig auf den Boden legen. Die restlichen Scheiben dicht einschichten und gut zusammendrücken. Je Förmchen einen Esslöffel Butter zerkleinern und darauf verteilen, mit paar Rosmarinnadeln bestreuen. Die Kartoffelküchlein auf mittlerer Höhe in den vorgeheizten Ofen schieben und bei 220 °C 30 Minuten backen, auf die Teller stürzen.

Truthahnburger mit Kiwischeiben

4 Brötchen

4 kleine Truthahnmedaillons, je etwa 100 g

frisch gemahlener schwarzer Pfeffer

Cayennepfeffer

Meersalz

Sauce

100 g Vollmilch- oder Rahmquark

2 EL Tomatenmark

1–2 EL Mangochutney

frisch gemahlener Pfeffer

Meersalz

krause Endivie oder anderer Blattsalat

2–3 Kiwis

1

Die Truthahnmedaillons mit schwarzem Pfeffer und Cayennepfeffer einreiben. Im heißen Öl auf jeder Seite rund 4 Minuten braten, abkühlen lassen.

2

Für die Sauce Quark, Tomatenmark und Mangochutney verrühren, mit Salz und Pfeffer abschmecken.

3

Die Brötchen halbieren, beide Hälften mit der Quarkmasse bestreichen. Die Kiwis schälen und in Scheiben schneiden, mit den Salatblättern und den Truthahnmedaillons zwischen die Brötchenhälften legen.

Wildhasenrücken an Holundersauce

2 Wildhasenrücken, je 250 g
Meersalz
frisch gemahlener Pfeffer
1 EL Bratbutter/Butterschmalz
1 dl/100 ml Rotwein
3 dl/300 ml Wildfond
2 EL Holunderlikör
6 EL Holunderbeeren
2 EL Butter
4 EL grob gehackte Haselnüssse

Wildfond
(für 1 l Fond)

ca. 600 g Knochen und Fleischabschnitte von Wildfleisch vom Metzger
Meersalz
frisch gemahlener Pfeffer
20 g Senf
100 g Kalbsnierenfett (Metzger)
200 g Zwiebeln
40 g ungeschälte Knoblauchzehen
½ l Rotwein
1l Wasser

1
Hasenrücken vom Metzger auslösen und vorbereiten lassen. Aus zerkleinerten Knochen und Fleischabschnitten den Wildfond zubereiten (siehe Punkt 2).

2
Knochen wie für ein Ragout mit Salz und Pfeffer würzen, mit Senf einstreichen. Das Kalbsnierenfett in einem Gusseisentopf erhitzen, Knochen und Fleischabschnitte beifügen und anbraten. Den Topf in den Ofen schieben, das Ganze bei 220 bis 250 °C rösten, öfters rühren. Nach 30 Minuten grob gehackte Zwiebeln und Knoblauchzehen zufügen, nochmals 10 Minuten rösten. Topf aus dem Ofen nehmen, Rotwein und Wasser zugeben, bei schwacher Hitze etwa 2 Stunden kochen. Weder abschäumen noch entfetten. Knoblauchzehen, Fleisch und Knochen entfernen, den Fond durch ein Chromstahlsieb passieren, die Knoblauchzehen aus der Haut drücken, zum Fond geben. Erkalten lassen. Nach ein paar Stunden ist das Fett hart und kann entfernt werden. Den Fond mit dem Schneebesen gut verrühren. Portionieren und tiefkühlen.

3
Die Rückenfilets mit Pfeffer und Salz leicht würzen. In der Bratbutter rundum anbraten. Im vorgeheizten Ofen bei 70 °C ruhen lassen. Das Fleisch sollen innen hellrosa bleiben.

4
Den Bratfond mit dem Rotwein ablöschen, den Wildfond zufügen, auf die gewünschte Dicke einköcheln lassen. Mit dem Holunderlikör abschmecken. Die Holunderbeeren zufügen.

5
Die Haselnüsse in der Butter kurz rösten.

6
Mit der Sauce auf vorgewärmten Tellern einen Spiegel gießen, die Rückenfilets in Scheiben schneiden und anrichten. Haselnüsse darüber streuen.

Tipp
Mit Spätzle, Polenta oder breiten Nudeln servieren.

Holunderlikör
Kann nach gleichem Rezept wie Cassislikör, Seite 121, zubereitet werden.

Hirschkoteletts an Holundersauce

4 Hirschkoteletts, je 120–140 g
10 zerdrückte Wacholderbeeren
10 zerdrückte schwarze Pfefferkörner
einige Orangenzesten
1 EL natives Olivenöl extra
2 EL Bratbutter/Butterschmalz

Holundersauce
1 EL Vollrohrzucker
1 dl/100 ml Apfelsaft
4 Holunderbeerendolden, Beeren abgelesen
½ dl/50 ml Bratenjus
1 Prise Kardamompulver
½ TL Korianderpulver
20 g Butterflocken

1
Wacholderbeeren, Pfefferkörner und Orangenzesten mit dem Olivenöl verrühren. Die Koteletts mit der Marinade einstreichen. Am besten über Nacht zugedeckt im Kühlschrank marinieren.

2
Den Backofen auf 80 °C vorheizen.

3
Bratbutter in der Bratpfanne erhitzen, die Hischkoteletts beidseitig je 3 Minuten braten, im vorgewärmten Ofen warm stellen.

4
Für die Sauce den Zucker karamellisieren. Den Apfelsaft zufügen, auf die Hälfte einreduzieren. Die Holunderbeeren zufügen, bei schwacher Hitze 10 Minuten kochen. Bratenjus unter die Sauce rühren, erhitzen, würzen. Kurz vor dem Servieren die Butter stückchenweise unterrühren.

Tipp
Mit Rotkraut und Gnocchi servieren.

Fasanenbrüstchen mit Preiselbeerrahmsauce

4 Fasanenbrüstchen, je 130–160 g
Meersalz
frisch gemahlener Pfeffer
1 EL Bratbutter/Butterschmalz

Preiselbeersauce
½ dl/50 ml trockener Weißwein
1 EL fein gehackte Schalotten
2 dl/200 ml Wildgeflügelfond (Spezialitätenladen)
1 Becher (180 g) Rahm/süße Sahne
6 EL Preiselbeeren
Salbei

300 g rote Nudeln

Salbei für die Garnitur

1
Den Backofen auf 70 °C vorheizen.

2
Die Fasanenbrüstchen mit Salz und Pfeffer würzen, in der Bratbutter bei schwacher Hitze nur auf der Hautseite rund 5 Minuten braten. Im Backofen warm stellen.

3
Den Bratfond mit dem Weißwein ablöschen. Schalotten, Fasanenfond sowie Rahm zufügen, erhitzen, bei schwacher Hitze sämig einkochen. Preiselbeeren vor dem Servieren zufügen.

4
Nudeln in reichlich Salzwasser al dente kochen, abgießen.

5
Nudeln auf vorgewärmten Tellern anrichten. Das Fasanenbrüstchen darauf legen, mit der Preiselbeersauce übergießen. Mit Salbei garnieren.

Kalbsbraten mit Stachelbeersauce

1 kg Kalbsschulter
Meersalz
frisch gemahlener Pfeffer
Bratbutter/Butterschmalz
200 g zerkleinerte Kalbsknochen
½ l Fleischbrühe
200 g Schalotten
200 g unreife grüne Stachelbeeren
25 g Zucker
100 g Rahm/süße Sahne
1 Prise Zimtpulver
20 g Mehlbutter (gleiche Menge Butter und Mehl verkneten)

1
Die Kalbsschulter mit Salz und Pfeffer würzen. Zuerst das Fleisch, dann die Knochen in der heißen Bratbutter kräftig anbraten. Etwa 2 dl/200 ml Fleischbrühe zugeben, den Braten zugedeckt bei schwacher Hitze 50 Minuten schmoren. Flüssigkeitsstand ab und zu kontrollieren und falls nötig ein wenig Fleischbrühe zufügen. Die Knochen entfernen. Die Schalotten schälen und zufügen, weitere 15 Minuten schmoren. Fleisch aus dem Topf nehmen und warm stellen.

2
Stachelbeeren, Zucker und restliche Fleischbrühe in den Topf geben, etwa 5 Minuten köcheln, dabei Bratsatz vom Topfboden lösen. Schalotten und Stachelbeeren mit dem Schaumlöffel herausnehmen und warm stellen.

3
Die Sauce durch ein Chromstahlsieb passieren, zurück in die Pfanne gießen und mit dem Rahm unter Rühren aufkochen, mit Salz, Pfeffer und Zimt abschmecken. Zum Schluss die Mehlbutter krümelig dazureiben,.unterrühren, kurz köcheln.

4
Kalbsschulter in Scheiben schneiden, mit den Schalotten und den Stachelbeeren auf vorgewärmten Tellern anrichten. Den aufgefangenen Bratensaft vom Warmstellen und Aufschneiden unter die Sauce rühren, aufkochen, abschmecken, das Fleisch damit umgießen.

Tipp
Unreife Stachelbeeren gibt es nur im Monat Juli. Wer diese feine süßsaure Sauce gerne häufiger genießen möchte, sollte Stachelbeeren auf Vorrat tiefgefrieren.

Kaninchenfilet an Johannisbeersauce

600 g Kaninchenrückenfilet
70 g fein geschnittene luftgetrocknete Speckscheiben
Bratbutter/Butterschmalz
4 EL Portwein
2 dl/200 ml Fleischbrühe
Meersalz
frisch gemahlener Pfeffer
Muskatnuss
Zimtpulver
wenig frisch geriebener Meerrettich
1–2 EL Johannisbeergelee
25 g kalte Butterstückchen
1 Hand voll Johannisbeeren

Johannisbeeren für die Garnitur

1

Den Backofen auf 140 °C vorheizen.

2

Die Kaninchenrücken mit den Speckscheiben einwickeln. In der heißen Bratbutter rundum kräftig anbraten. Den Brattopf in den Ofen schieben und das Fleisch bei 140 °C 15 Minuten braten. Dann das Fleisch warm stellen.

3

Den Portwein in den Brattopf geben, den Bratsatz auflösen. Die Fleischbrühe zufügen, erhitzen. Würzen. Die Sauce wenig einköcheln lassen. Durch ein Chromstahlsieb passieren und in den Topf zurück gießen. Das Johannisbeergelee unterrühren. Kurz vor dem Servieren die kalten Butterstückchen unter die heiße Sauce rühren, eine Hand voll Johannisbeeren zufügen. Nicht mehr kochen.

4

Das Fleisch schräg in 15 mm dicke Scheiben schneiden. Mit der Sauce auf vorgewärmten Tellern einen Spiegel gießen, die Fleischscheiben darauf anrichten. Mit Johannisbeeren garnieren.

Konfitüren – Gelees 114
Pikante Saucen – Chutneys 118
Getränke – Essig 121

Konfitüren – Gelees

Vogelbeer-Gelee

1 kg Vogelbeeren
500 g Äpfel, z. B. Fallobst
1 dl/100 ml Wasser
Gelierzucker (auf ½ l Saft kommen 500 g Zucker)

1 Vogelbeeren von den Stielen streifen.
2 Um die Bitterstoffe zu reduzieren, die Beeren während einer Minute in kochendem Wasser blanchieren. Abgießen.
3 Äpfel vierteln, das Kerngehäuse entfernen, die Fruchtviertel klein schneiden.
4 Vogelbeeren, Äpfel und Wasser aufkochen, bei schwacher Hitze Saft ziehen lassen. Häufig abschäumen.
5 Beerenbrei in ein Tuch gießen (Seite 58) und den Saft über Nacht in eine säurebeständige Schüssel abtropfen lassen.
6 Den Saft abmessen und mit der gleichen Menge Gelierzucker (1 Liter Saft = 1 kg Zucker) unter Rühren aufkochen, 4 Minuten sprudelnd kochen. Kochend heiß in vorgewärmte Gläser mit Schraubverschluss füllen, sofort verschließen.

Sanddorn-Konfitüre

1 kg Sanddornbeeren
(500 g Sanddornmark)
500 g Gelierzucker

1 Sanddornbeeren in einer Fruchtpresse entsaften. Oder Beeren mit wenig Wasser aufkochen, das Wasser abgießen, Beeren durch ein Chromstahlsieb streichen; so bleiben Schalen und Kerne zurück.
2 Sanddornmark mit dem Gelierzucker unter Rühren aufkochen, 3 Minuten sprudelnd kochen. Die Sanddorn-Konfitüre kochend heiß in vorgewärmte Gläser mit Schraubverschluss füllen, sofort verschließen.

Verwendung

Die Konfitüre schmeckt nicht nur als Brotaufstrich, sondern auch in einem Milchshake, mit Quark oder Jogurt verrührt oder als Süßmittel von Kräutertee. Oder als süßsaure Sauce zu gegrilltem Fleisch, Wild, Geflügel oder exotischen Gerichten servieren.

Cranberry-Konfitüre

500 g Cranberries
400 g Zucker
3 EL Zitronensaft

1 Cranberries in einer Schüssel mit dem Zucker mischen, stehen lassen, bis sich reichlich Saft gebildet hat.
2 Beeren mit Saft aufkochen, bei starker Hitze kochen lassen, bis die Konfitüre die richtige Konsistenz hat. Den Zitronensaft unterrühren.
3 Die Cranberry-Konfitüre kochend heiß in vorgewärmte Gläser mit Schraubverschluss füllen, sofort verschließen.

Varianten

Die Konfitüre mit Moosbeeren oder Preiselbeeren zubereiten.

Abbildung

Preiselbeermus (vorne links), Rezept Seite 117
Brombeergelee mit Zitronengras (Mitte rechts), Rezept Seite 116
Brombeer-Holunder-Konfitüre (Mitte links), Rezept Seite 117
Süßsaures Preiselbeer-Chutney (Mitte rechts), Rezept Seite 118
Holunder-Apfel-Gelee (Mitte links), Rezept Seite 117

Stachelbeer-Bananen-Konfitüre

1 kg Stachelbeeren

1 dl/100 ml Wasser

300 g geschälte Bananen, klein gewürfelt

500 g Zucker

1 Stachelbeeren zusammen mit dem Wasser erhitzen, unter ständigem Rühren kochen, bis die Beeren aufplatzen, eventuell mit einem Holzlöffel leicht zerdrücken.
2 Den Stachelbeerbrei durch den Fleischwolf stoßen oder durch das Passevite/die Flotte Lotte (kleine Lochung) drehen oder durch die Kartoffelpresse drücken, damit Stiele, Fliegen, Kerne und Schalen zurückbleiben.
3 Stachelbeerpüree mit Bananen sowie dem Zucker erhitzen und bei mittlerer Hitze unter Rühren etwa 20 Minuten kochen, bis die Konfitüre geliert (Seite 56).
4 Stachelbeer-Konfitüre kochend heiß in vorgewärmte Gläser mit Schraubverschluss füllen, sofort verschließen.

Stachelbeer-Aprikosen-Konfitüre

250 g Aprikosen

500 g sehr reife Stachelbeeren

½ dl/50 ml Wasser

500 g Gelierzucker

1 Die Aprikosen halbieren und entsteinen, den Stielansatz wegschneiden. Die Fruchthälften in kleine Stücke schneiden.
2 Aprikosen, Stachelbeeren und die Hälfte des Gelierzuckers aufkochen, unter ständigem Rühren 1 Minute sprudelnd kochen. Restlichen Zucker zufügen, weitere 3 Minuten sprudelnd kochen.
3 Die Stachelbeer-Aprikosen-Konfitüre kochend heiß in vorgewärmte Gläser mit Schraubverschluss füllen, sofort verschließen.

Abbildung Seite 122

Brombeergelee mit Zitronengras

1 kg Brombeeren

½–1 dl/50–100 ml Wasser

3 Stängel Zitronengras

750 g Gelierzucker

1 Bio-Zitrone, abgeriebene Schale

1 Briefchen (5 g) Zitronensäure

1 Die Brombeeren mit dem Wasser unter Rühren aufkochen, köcheln lassen, bis die Beeren zerfallen sind, durch ein Chromstahlsieb streichen.
2 Die inneren zarten Blätter eines Zitronengrasstängels in feine Ringe schneiden. Die beiden anderen Stängel in drei Stücke brechen.
3 Brombeerpüree, Gelierzucker, Zitronengras, Zitronenschalen und Zitronensäure unter Rühren aufkochen und 4 Minuten sprudelnd kochen. Zitronengrasstängel entfernen.
4 Das Brombeergelee kochend heiß in vorgewärmte Gläser mit Schraubverschluss füllen, sofort verschließen.

Abbildung Seite 115

Holunder-Apfel-Gelee

800 g Äpfel

½ l Holundersaft
(siehe Holundersirup Seite 123)

1 kg Gelierzucker

½ Zitrone, Saft

1 Die Äpfel schälen, vierteln und entkernen. Die Fruchtviertel in kleine Stücke schneiden.
2 Äpfel, Holundersaft, Gelierzucker und Zitronensaft unter Rühren aufkochen, 4 Minuten sprudelnd kochen. Das Gelee hat die richtige Konsistenz, wenn es zähflüssig vom Kochlöffel tropft (Seite 56).
3 Das Holunder-Apfel-Gelee kochend heiß in vorgewärmte Gläser mit Schraubverschluss füllen, sofort verschließen.

Abbildung Seite 115

Brombeer-Holunder-Konfitüre

600 g Brombeeren

400 g Holunderbeeren

1 kg Gelierzucker

1 Brombeeren, Holunderbeeren und Gelierzucker unter Rühren aufkochen, 5 Minuten sprudelnd kochen.
2 Brombeer-Holunder-Konfitüre kochend heiß in vorgewärmte Gläser mit Schraubverschluss füllen, sofort verschließen.

Abbildung Seite 115

Berberitzengelee

½ l Berberitzensaft (Seite 58)

1/2 l Apfelsaft

500 g Gelierzucker

1 Berberitzen- und Apfelsaft mit dem Gelierzucker unter Rühren aufkochen, sprudelnd kochen, bis das Gelee die richtige Konsistenz hat (Seite 56).
2 Das Gelee kochend heiß in vorgewärmte Gläser mit Schraubverschluss füllen, sofort verschließen.

Preiselbeermus

1 kg Preiselbeeren

250 g Zucker

1 Msp Gewürznelkenpulver

250 g Honig

1 Die Preiselbeeren und den Zucker mischen, Beeren etwas zerdrücken. 2 Stunden stehen lassen.
2 Die Preiselbeeren mit dem Saft und dem Gewürznelkenpulver unter Rühren aufkochen, bei schwacher Hitze unter gelegentlichem Rühren zugedeckt etwa 2 Stunden leise köcheln lassen.
3 Den Honig unter das Preiselbeermus rühren, abermals erhitzen.
4 Das Preiselbeermus in vorgewärmte Gläser mit Schraubverschluss füllen, sofort verschließen.

Tipp
Passt zu Grießschnitten, Polenta, Omeletts/Pfannkuchen.

Abbildung Seite 115

Pikante Saucen – Chutneys

Süßsaures Preiselbeer-Chutney

2 große Birnen

1 großer säuerlicher Apfel

wenig Ingwerwurzel

600 g Preiselbeeren

1 dl/100 ml Essig

wenig Zimtstange

1 Lorbeerblatt

½ TL Cayennepfeffer

600 g Gelierzucker

1 Die Birnen schälen, vierteln und entkernen. Die Fruchtviertel in kleine Würfel schneiden. Apfel samt Schale auf der Rohkostreibe fein reiben. Den Ingwer schälen und ebenfalls fein reiben.
2 Sämtliche Zutaten unter Rühren aufkochen, bei schwacher Hitze kochen, bis das Chutney die Konsistenz von Konfitüre hat. Zimtstange und Lorbeerblatt entfernen.
3 Preiselbeer-Chutney kochend heiß in vorgewärmte Gläser mit Schraubverschluss füllen und sofort verschließen.

Tipp

Passt zu Siedfleisch und Curry.

Abbildung Seite 115

Stachelbeer-Chutney

1,2 kg grüne (unreife) Stachelbeeren

3 dl/300 ml Weißweinessig

100 g Zwiebeln, grob gehackt

20 g geschälte und geriebene Ingwerwurzel

1 roter Peperoncino/Pfefferschote, in Ringen

½ TL frisch gemahlener weißer Pfeffer

½ TL Zimtpulver

450 g Vollrohrzucker

50 g Rosinen

1 Stachelbeeren mit dem Essig aufkochen, bei schwacher Hitze zugedeckt 10 Minuten kochen. Die übrigen Zutaten zufügen, bei schwacher Hitze kochen, bis die Masse dicklich ist und die Konsistenz von Konfitüre hat.
2 Stachelbeer-Chutney kochend heiß in vorgewärmte Gläser mit Schraubverschluss füllen und sofort verschließen.

Tipp

Passt zu Curry, Siedfleisch, Fondue bourguignonne und Geflügel.

Abbildung Seite 119

Cranberry-Sauce

250 g Cranberries

½ Tasse Zucker

½ Tasse Ahornsirup

½ Tasse Wasser

1 TL abgeriebene Orangen- oder Zitronenschalen

1 Zucker, Ahornsirup und Wasser aufkochen, 5 Minuten stehen lassen, ab und zu rühren. Die Cranberries beifügen, während 5 Minuten kochen, bis die Beeren aufplatzen. Die Orangen- oder Zitronenschalen unterrühren.
2 Cranberry-Sauce kochend heiß in ein vorgewärmtes Glas mit Schraubverschluss füllen und sofort verschließen.

Tipp

Passt zu Fleisch, Geflügel sowie Wild.

Abbildung

Himbeer-Hotsauce (vorne rechts), Rezept Seite 120

Brombeer-Senf-Sauce (Mitte links), Rezept Seite 120

Stachelbeer-Chutney (Mitte hinten) Rezept nebenan

Brombeer-Senf-Sauce

1 dl/100 ml Rotwein

1 EL Senf

2 EL Beerengelee,
z. B. Holundergelee

frisch gemahlener Pfeffer

4 Ananasscheiben, frisch oder aus der Dose, klein gewürfelt

250 g Brombeeren

2 EL Orangeat

1 Rotwein, Senf und Beerengelee unter Rühren aufkochen, bei schwacher Hitze 10 Minuten kochen, mit Pfeffer würzen.
2 Ananaswürfelchen, Brombeeren und Orangeat zur Sauce geben, 3 bis 4 Minuten bei schwacher Hitze kochen.
3 Brombeer-Senf-Sauce kochend heiß in vorgewärmte Gläser mit Schraubverschluss füllen und sofort verschließen

Tipp

Passt zu Wildfleisch und Curry.

Abbildung Seite 119

Himbeer-Hotsauce

250 g Himbeeren

½ TL Meersalz

2 EL Vollrohrzucker

1 durchgepresste Knoblauchzehe

1 EL Chilipulver

2 EL Balsamico-Essig

1 Bio-Zitrone, abgeriebene Schale

1 EL Maispuder

1 Himbeeren pürieren und durch ein Chromstahlsieb streichen.
2 Himbeerpüree mit den übrigen Zutaten unter Rühren aufkochen, während 1 bis 2 Minuten sprudelnd kochen.
3 Himbeer-Hotsauce kochend heiß in vorgewärmte Gläser mit Schraubverschluss füllen und sofort verschließen.

Tipp

Passt zu Rindfleisch-Hamburgern und besonders gut zu Grilladen und Fisch-Hamburgern.

Abbildung Seite 119

Getränke – Essig

Himbeeressig

für eine Flasche Essig

250 g Himbeeren

½ l guter Weißweinessig

1 Nur absolut frische, schöne Himbeeren in ein Gefäß mit Verschluss füllen. Den Essig dazugeben. Gut verschließen.
2 Den Essig mindestens 1 Woche ziehen lassen, dabei das Gefäß täglich vorsichtig bewegen.
3 Den Essig abseihen, in eine gut schließende Flasche füllen.

Haltbarkeit
Innerhalb von 4 Wochen aufbrauchen.

Abbildung Seite 122

Cassis-Likör

600 g schwarze Johannisbeeren (Cassis)

1 l Schnaps, z. B. Obstler/Trester oder Korn, 40 % Alkoholgehalt

2 dl/200 ml Wasser

250 g Zucker

1 Die schwarzen Johannisbeeren mit einer Gabel von den Rispen streifen.
2 Die Beeren in ein 2-Liter-Einmachglas oder in zwei 1-Liter-Einmachgläser füllen, mit dem Schnaps auffüllen, gut verschließen. An die Sonne stellen, ab und zu schütteln. Nach rund 2 Monaten den Glasinhalt in ein Baumwolltuch gießen (Seite 58) und die Flüssigkeit auffangen. Die Beeren nur leicht auspressen, so bleibt der Likör klar.
3 Wasser mit dem Zucker aufkochen, einige Minuten sprudelnd kochen. Auskühlen lassen.
4 Erkaltetes Zuckerwasser zum Cassis-Schnaps geben, umrühren. Den Cassis-Likör in Flaschen abfüllen und verschließen.

Kir Royal
Ein wenig Cassis-Likör in ein hohes Glas füllen, mit Champagner oder trockenem Weißwein auffüllen.

Abbildung Seite 122

Cassis-Drink

2,5 dl/250 ml Cassissaft, Seite 58

2,5 dl/250 ml Süßmost/Apfelsaft

2,5 dl/250 ml Mineralwasser mit oder ohne Kohlensäure

½ Zitrone, Saft

Eiswürfel nach Belieben

1 Alle Zutaten in einen Krug geben, gut rühren. Kühl servieren.

Holundersüßmost

2 dl/200 ml Holundersaft (siehe Holundersirup nebenan)

8 dl/800 ml Süßmost/Apfelsaft

Eiswürfel nach Belieben

1 Die beiden Fruchtsäfte in einen Krug geben, gut umrühren. Kühl servieren.

Johannisbeerdrink

½ l Johannisbeersaft, Seite 58

1 dl/100 ml frisch gepresster Orangensaft

½ l Mineralwasser, mit oder ohne Kohlensäure

Eiswürfel nach Belieben

1 Alle Zutaten in einem Krug gut umrühren. Kühl servieren.

Abbildung
Himbeeressig (Mitte vorn), Rezept Seite 121
Stachelbeer-Aprikosen-Konfitüre (hinten links), Rezept Seite 116
Cassis-Likör (hinten rechts), Rezept Seite 121

Holundersirup

2 kg Holunderbeeren

1 l Wasser

800 g–1 kg Zucker

1 Die Holunderbeeren in eine weite Schüssel geben und etwas zerquetschen, mit dem kalten Wasser übergießen. 24 Stunden an einem kühlen Ort stehen lassen.
2 Das Beerenmus aufkochen, bei mittlerer Hitze 15 Minuten ziehen lassen. Den Topfinhalt in ein Baumwolltuch gießen (Seite 58), den Saft auffangen.
3 Auf einen Liter Holundersaft 800 g Zucker abmessen. Saft mit dem Zucker aufkochen, abschäumen. Den Sirup kochend heiß und randvoll in Flaschen mit Bügelverschluss füllen und sofort verschließen.

Tipps
Holundersirup wie Cassis verwenden, etwa in Kombination mit moussierendem oder normalem weißem Traubensaft, trockenem Weißwein oder Cidre oder zum Süßen von Kräutertee verwenden. Oder Holundersirup mit heißem Wasser auffüllen und als Punsch genießen.

Heißer Holunderpunsch

1 l Süßmost/Apfelsaft

4 dl/400 ml Holundersaft (Rezept nebenan)

1 Zitrone, in Scheiben, entkernt

2 EL Zucker

1 Alle Zutaten in einen Kochtopf geben und erhitzen. Ein paar Mal umrühren, damit sich der Zucker auflösen kann. Heiß genießen.

Aperitif nach Eva

150 g Beeren, z. B. Johannisbeeren, Himbeeren oder klein gewürfelte Früchte

1 Flasche Rosé (7 dl/700 ml), gut gekühlt

4 dl/400 ml Cassissaft, Seite 58

1 EL Akazienhonig

15 Tropfen ätherisches Orangenöl

einige Pfefferminzblättchen

1 Beeren oder Früchte auf die Gläser verteilen, zu zwei Dritteln mit dem Rosé füllen.
2 Akazienhonig, ätherisches Öl und 4 dl/400 ml Cassissaft gut verrühren, in die vorbereiteten Gläser gießen. Mit Pfefferminze garnieren.

Register

A

Abwehrkräfte 35, 47
Allergie 47
Ananas 10
Andenbeere 10
Appetitlosigkeit 47

B

Balkon(Topf)pflanze 11, 21, 23, 26, 28, 38, 45
Berberitze 12, 117
Biskuitboden 88
Blasenleiden 45
Blaubeere 24
Blutdruck 35
Blutreinigung 49, 53
Blutzucker, senkend 15
Bohne (Busch-) 29
Brombeerblättertee 15
Brombeere 14, 64, 72, 79, 82, 84, 90, 92, 116, 117, 120
Brotaufstrich 13

C

Cassisbeere 34, 121, 123
Cassislikör 121
Chile 19
China 37
Chutney 17, 36, 44, 118
Cranberry 16, 25, 114, 118

D

Darmreinigung 49
Diabetes 15, 35
Durchfall 24, 52

E

Eberesche 54
Energielieferant 53
Entschlackung 19, 28, 49, 53
Entwässerung 28
Erdbeere 18, 64, 70, 72, 78, 79, 82, 86, 88, 92, 96
Erdbeere, Ananas- 19
Erdbeere, Monats- 18, 19
Erdbeere, Wald- 18, 90
Erikagewächs 24
Erkältung 30, 32, 35, 47
Essig 121

F

Felsenbirne 22
Fettsucht 35
Fieber 47
Fleisch, Zartmacher 38
Frühjahrsmüdigkeit 47

G

Galletreibend 13
Gelee 13, 17, 24, 28, 30, 31, 36, 41, 47, 49, 50, 56, 114, 116, 117
Gewichtsabnahme 30
Gicht 11, 19, 35
Grippe 30, 32, 35, 47

H

Harninkontinenz 45
Harntreibend 10,15, 49
Harnwegentzündung 45
Hecke 12, 28, 32, 34
Heidelbeere 24, 64, 72, 76, 78, 79, 79, 82, 86, 90, 92
Herz 35
Himbeere 27, 64, 66, 70, 72, 79, 82, 86, 90, 92, 96, 98, 120, 121, 123
Holland 17, 19
Holunderbeere 30, 80, 103, 104, 117, 120, 123
Holundersirup 123
Holunderbeerkompott 80

I

Immergrün 12
Infektion 47
Inkakirsche 10

J
Johannisbeere 34, 36, 64. 68. 70, 72, 78, 79, 86, 90, 92, 110, 123
Jostabeere 36, 64, 82, 90, 92
K
Kapstachelbeere 10
Kiwi 10, 37, 102
Kolumbus 10
Kompott 13, 17, 22, 30, 36, 41, 44
Konfitüre 10, 13, 22, 28, 31, 36, 41, 49, 50, 56, 114, 116, 117
Korinthe 22, 53
Korinthenstrauch 22
Kreislauf, belebend 13
L
Leberleiden 13
Leber, Stärkungsmittel 13
Loganbeere 50, 51
M
Mahonie 40
Maibeere 42, 64, 82, 90, 92
Moosbeere 16, 114
Multivitamin 46
N
Neuseeland 37
Nierenfunktionsstörung 10
Nierenstein 10
Nordafrika 13
Nodamerika 19
P
Parfait 80, 82, 84
Peru 10
Physalis 10
Preiselbeere 25, 44, 100, 106, 114, 117, 118
Punsch 123
R
Rekonvaleszenz 35
Relish 17
Rheuma 10, 19, 35, 47
Rosine 54
S
Sanddorn 46, 80, 114
Sauerdorn 12
Saft 24, 28, 30, 35, 36, 45, 47, 121, 123
Sehkraft 35
Sirup 13, 28, 30, 31, 36, 41, 47, 49, 50, 80, 123
Skorbut10
Soufflé 86
Spanien 13
Südafrika 10
Sultanine 53
St
Stachelbeere 10, 36, 48, 72, 74, 108, 116, 118
Stachelbeere, chinesische 37
Stoffwechselkrankheit 35
Strawberry 20
Stuhlregulierung 49
T
Tayberry 50
V
Verdauungskrankheit 35
Vogelbeere 52, 114
W
Walderdbeere 18
Wanzenbeere 35
Weinbeere 53
Weintraube 54, 96, 100
Wildgericht 44, 100, 103, 104, 106